Beck/Dippold

Trainingsmodul Volkswirtschaftliche Prozesse und Steuerungsmöglichkeiten für Industriekaufleute

Wirtschafts- und Sozialkunde (WISO 5)

www.kiehl.de

Trainingsmodul Volkswirtschaftliche Prozesse und Steuerungsmöglichkeiten für Industriekaufleute

Wirtschafts- und Sozialkunde (WISO 5)

Von

Dipl.-Hdl. Karsten Beck und

Dipl.-Hdl. Silke Dippold

3., aktualisierte Auflage

ISBN 978-3-470-**59753**-9 · 3., aktualisierte Auflage 2022

Kiehl ist eine Marke des NWB Verlags

Satz: Ansichtssachen, Egelsbach
Druck: Elanders GmbH, Waiblingen

Scannen Sie den QR-Code oder besuchen Sie **Climate-Partner.com/16605-2106-1001** und erfahren Sie mehr zu unseren klimaneutralen Druckprodukten.

Vorwort

Die Trainingsmodule ermöglichen angehenden Industriekaufleuten ein individuelles Lernen in unterschiedlichen Fachgebieten. Sie enthalten zu jedem Thema das für die Prüfung notwendige Wissen, zeigen Lösungswege für prüfungstypische Aufgabenstellungen auf und ermöglichen zu jeder Zeit der Ausbildung ein persönliches Wissenstraining mit Aufgaben unterschiedlicher Schwierigkeitsstufen.

- Im **Wissensteil** finden Sie die Inhalte, die für die Prüfung wichtig sind.
- Im **Lernteil** erfahren Sie, wie Sie an Aufgabenstellungen herangehen und
- im **Trainingsteil** können Sie üben und Ihren Wissensstand jederzeit kontrollieren.

Beachten Sie dazu bitte auch den **Benutzerhinweis** auf Seite 6.

Dieser Band beschäftigt sich mit den volkswirtschaftlichen Prozessen und Steuerungsmöglichkeiten, insbesondere mit dem Wirtschaftskreislauf, dem Bruttoinlandsprodukt, den wirtschaftspolitischen Zielen, den Wirtschaftsschwankungen und der Konjunkturpolitik, den Steuern und der Fiskalpolitik, der Preisniveaustabilität und der Geldpolitik sowie der Außenwirtschaft und der Zahlungsbilanz.

Wir wünschen Ihnen eine erfolgreiche Ausbildung und freuen uns auf ein Feedback.

Erlangen, im Frühjahr 2022
Karsten Beck
Silke Dippold

Benutzerhinweis

Der Aufbau der Trainingsmodule

Die Trainingsmodule für Industriekaufleute folgen einem modernen Lernkonzept. Durch die Zerlegung des gesamten Stoffs der dreijährigen Ausbildung in einzelne Module können sich Auszubildende individuell vorbereiten und ihr eigenes Lernprogramm zusammenstellen. Für jedes Prüfungsfach gibt es mehrere Module zu unterschiedlichen Themen. Jeder Band enthält einen Wissensteil, einen Lernteil und einen Trainingsteil.

WISSEN

Der Wissensteil zeigt, was zum jeweiligen Thema gehört, strukturiert den Stoff und enthält in kompakter und übersichtlicher Form nur die Lerninformationen, die Auszubildende für die Prüfung brauchen.

LERNEN

Im Lernteil erfahren Sie, wie Sie aus dem Labyrinth möglicher Aufgabenstellungen herausfindet, worauf Sie achten müssen, wie Sie beim jeweiligen Thema an Aufgaben und Fälle herangehen und wo mögliche Stolpersteine liegen können.

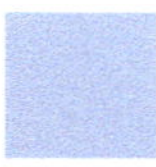

TRAINIEREN

Der Trainingsteil enthält Fragen, Aufgaben und Fälle auf unterschiedlichen Niveaustufen und in unterschiedlicher Methodik, z. B. offene Wissensfragen, Multiple-Choice-Aufgaben, Zuordnungsaufgaben, Rechenbeispiele, Situationsaufgaben und komplexe Fälle einschließlich deren Lösung.

Die Symbole

Die folgenden Symbole erleichtern Ihnen die Arbeit mit diesem Buch.

LABYRINTH

Dieses Symbol führt Sie zu den Antworten auf die zentralen Fragen eines Themas oder einer Aufgabenstellung.

MERKE

Die Hand macht auf wichtige Merksätze oder Definitionen aufmerksam.

STOLPERSTEIN

Immer wenn das Ausrufezeichen auftaucht, ist Vorsicht geboten. Es zeigt typische Stolpersteine oder Fehler, die Prüflinge immer wieder begehen.

TIPP

Hier finden Sie nützliche Zusatzinformationen und Hinweise.

INHALT

SEITE

Wirtschafts- und Sozialkunde Volkswirtschaftliche Prozesse und Steuerungsmöglichkeiten (WISO 5)

I. Volkswirtschaftliche Grundlagen

1. Wirtschaftskreislauf

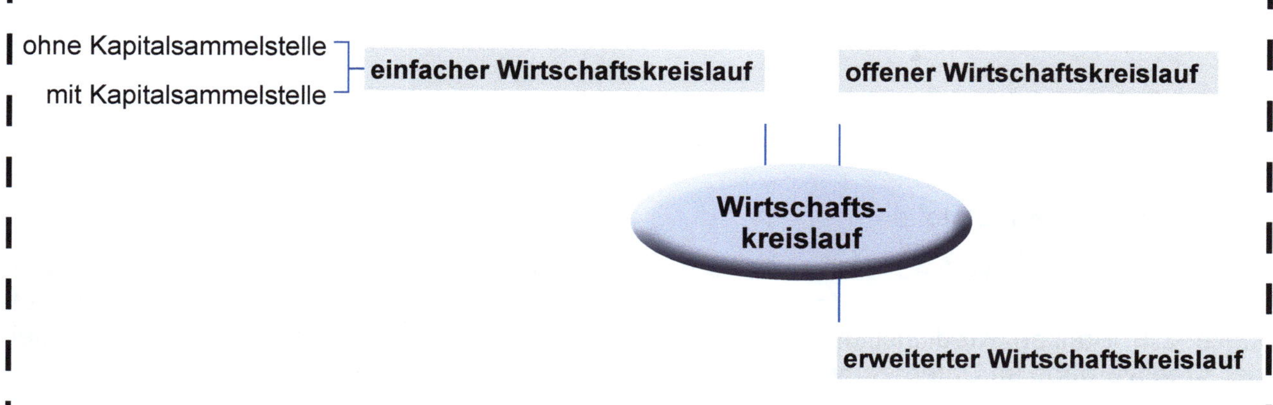

Was muss ich für die Prüfung wissen?

1.1 Was ist ein Wirtschaftskreislauf?

In einer Volkswirtschaft treten die verschiedenen Wirtschaftssubjekte durch Transaktionen miteinander in Beziehung. Durch diese Transaktionen entstehen Geldströme und Güter- bzw. Dienstleistungsströme.

Der **Wirtschaftskreislauf** stellt die Transaktionen zwischen den Wirtschaftssubjekten einer Volkswirtschaft modellhaft dar, wobei gleichartige Wirtschaftssubjekte zu Sektoren zusammengefasst werden.

Da jeder Güter- bzw. Dienstleistungsstrom grundsätzlich einen gegenläufigen wertgleichen Geldstrom nach sich zieht, genügt allein die Abbildung der Geldströme für die Erfassung der wirtschaftlichen Zusammenhänge.

1.2 Einfacher Wirtschaftskreislauf

a) ohne Kapitalsammelstelle

Dieses Modell beschränkt sich auf die Wirtschaftssubjekte Haushalte und Unternehmen und deren Beziehung zueinander. Es wird unterstellt, dass die Haushalte ihr gesamtes Einkommen für den Konsum ausgeben. Eine Vermögensbildung als Grundstock für Investitionen kann nicht erfolgen, und die Unternehmen können ihre Kapazitäten nicht ausweiten. Man spricht in diesem Zusammenhang von einer **stationären Wirtschaft**.

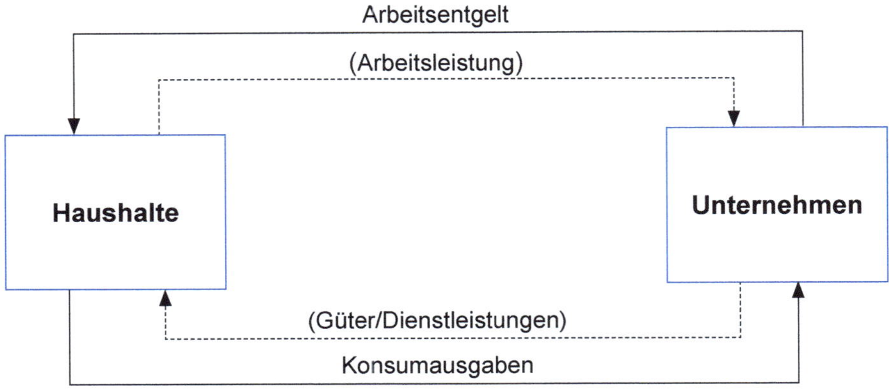

b) mit Kapitalsammelstelle

In der Regel geben die Haushalte nicht ihr gesamtes Einkommen für den Konsum aus, sondern sparen einen Teil davon. Der einfache Wirtschaftskreislauf wird deshalb um eine Kapitalsammelstelle (z. B. Banken, Kreditinstitute) ergänzt. Die Spareinlagen eröffnen wiederum die Möglichkeit der Kreditvergabe an Unternehmen (Investitionskredite) und Haushalte (Konsumentenkredite).

Eine **dynamische Wirtschaft** liegt dann vor, wenn die Wirtschaft durch kreditfinanzierte Investitionen wachsen kann.

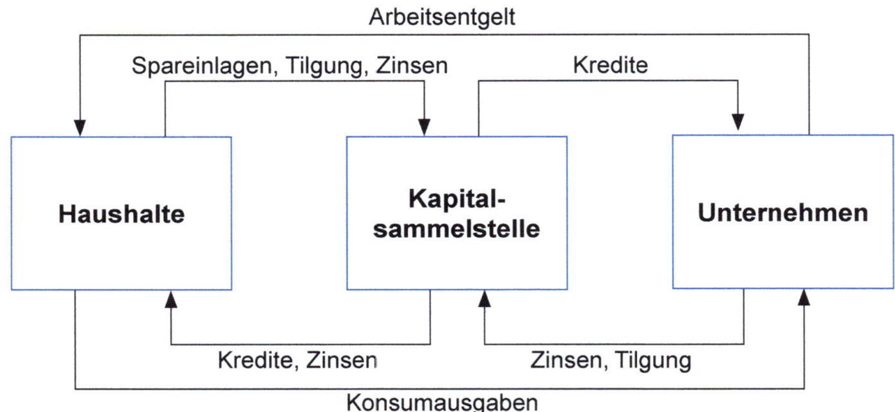

1.3 Erweiterter Wirtschaftskreislauf

Gegenüber dem einfachen Wirtschaftskreislauf kommt nun noch der Staat hinzu. Der Staat nimmt in vielfältiger Weise (Arbeitgeber, Fiskus, Sozialversicherungsträger, Käufer, Kreditnehmer, Kapitalanleger etc.) am Leistungsaustausch teil.

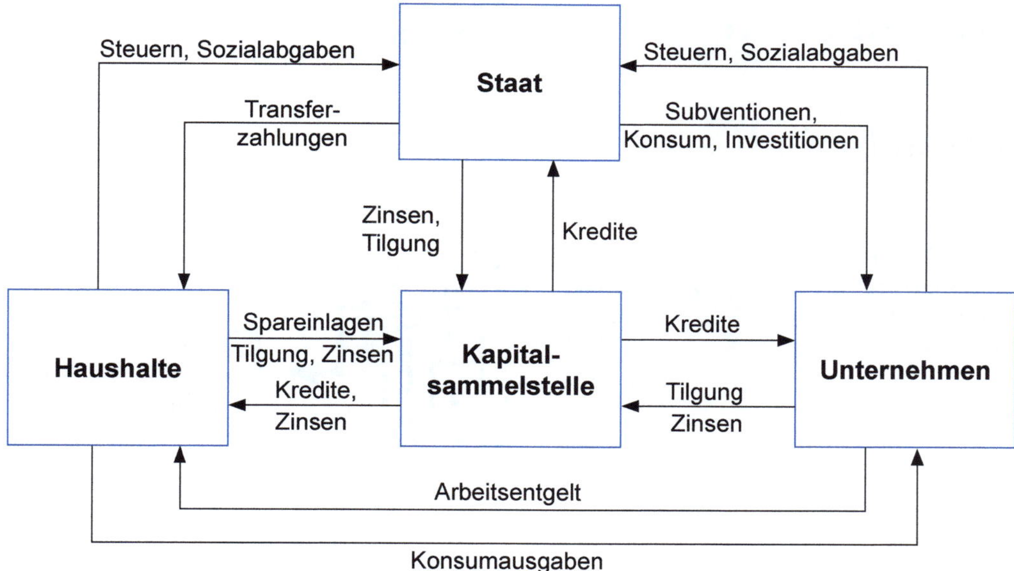

1.4 Offener Wirtschaftskreislauf (offene Volkswirtschaft)

Die bisher dargestellten Modelle gehen von einer geschlossenen Volkswirtschaft aus. Transaktionen mit dem Ausland sind darin nicht vorgesehen. Volkswirtschaften unterhalten jedoch i. d. R. wirtschaftliche Beziehungen zum **Ausland** (Export/Import, grenzüberschreitende Arbeitgeber-/Arbeitnehmerverhältnisse etc.). Ein vollständiger Wirtschaftskreislauf umfasst somit Haushalte, Unternehmen, Kapitalsammelstellen, den Staat und das Ausland.

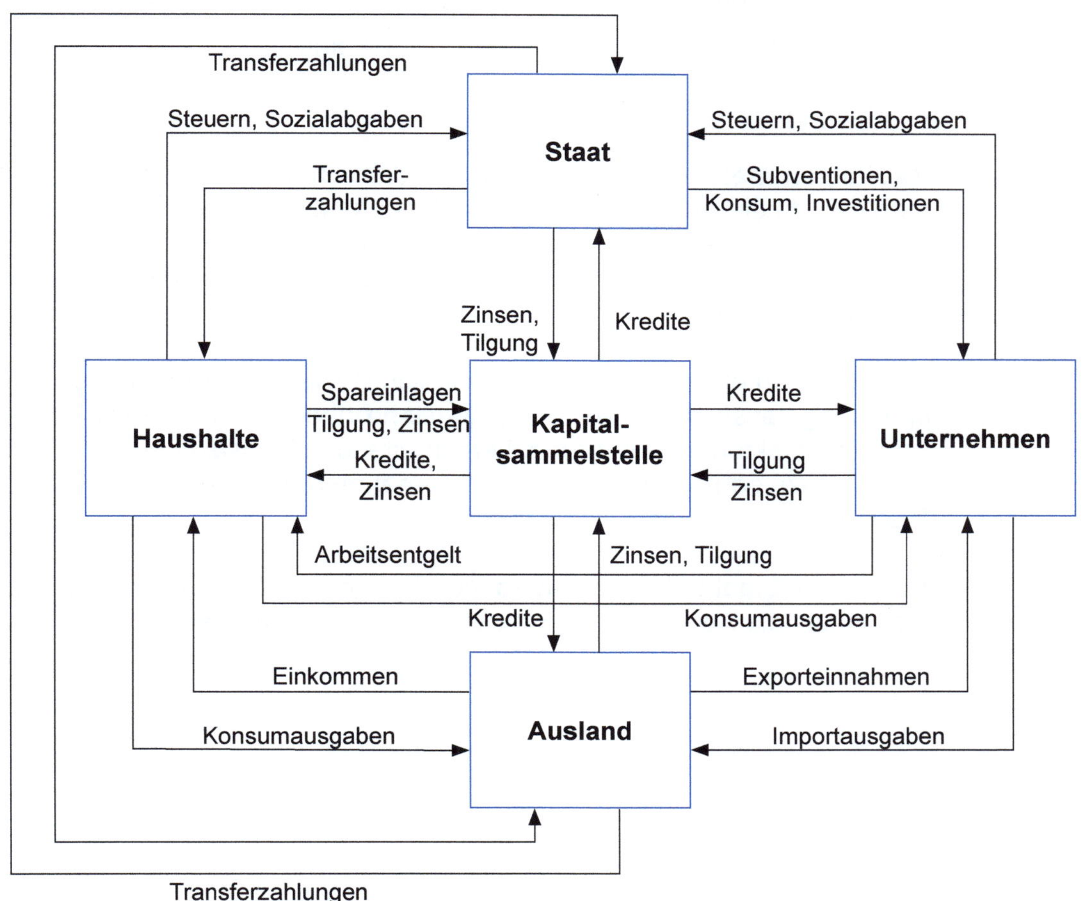

Was erwartet mich in der Prüfung?

1. Das Lernlabyrinth

2. Wege aus dem Lernlabyrinth

A Welche Wirtschaftssubjekte gehören zu einem Wirtschaftskreislauf?

Je nach Art des Modells (siehe Kapitel 1.2 - 1.4) können folgende Wirtschaftssubjekte an den Transaktionen teilnehmen:

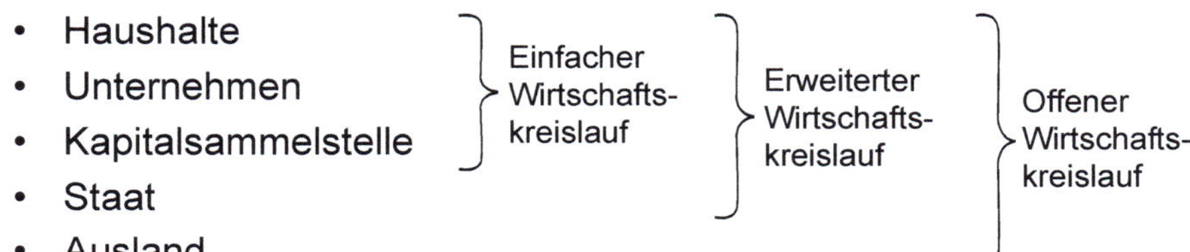

Kapitalsammelstelle: Banken bzw. Kreditinstitute stellen einerseits Unternehmen dar, da sie Arbeitnehmer beschäftigen und Finanzdienstleistungen anbieten. Andererseits nehmen Banken und Kreditinstitute aber auch die Funktion einer Kapitalsammelstelle wahr, indem sie Spareinlagen entgegennehmen und Kredite vergeben.

Ausland: Unter dem Oberbegriff „Ausland“ sind alle Wirtschaftssubjekte zusammengefasst, die ihren Sitz im Ausland haben und mit inländischen Wirtschaftssubjekten durch grenzüberschreitende Transaktionen in Verbindung treten. Dazu zählen ausländische Unternehmen, Arbeitnehmer, Haushalte und Staaten.

Staat: Der Staat tritt in verschiedenen Rollen im Wirtschaftskreislauf auf, z. B. als Fiskus, als Sozialversicherungsträger, als Arbeitgeber etc.

B Welche Transaktionen laufen in einem Wirtschaftskreislauf ab?

Erfasst werden alle Transaktionen zwischen verschiedenen Sektoren, die mit einem **Geldstrom** verbunden sind.

Nicht berücksichtigt werden demnach:

- Leistungen, die nicht ausgabewirksam sind (z. B. ehrenamtliche Tätigkeiten)
- Transaktionen, die innerhalb eines Sektors ablaufen (z. B. Lieferbeziehungen zwischen inländischen Unternehmen).

Für jeden Sektor gilt rechnerisch:
Summe der Einnahmen = Summe der Ausgaben

Beispiel:

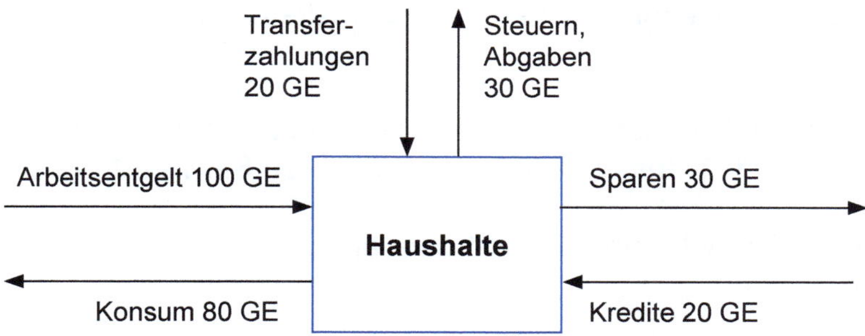

Summe der Einnahmen der Haushalte = 140 GE
Summe der Ausgaben der Haushalte = 140 GE
(GE = Geldeinheiten)

Dadurch werden bestimmte Wechselwirkungen deutlich:

- Je höher die Steuern und Abgaben an den Staat, umso weniger Geld bleibt den Haushalten für den Konsum übrig.
- Je höher die Sparneigung der Haushalte, umso weniger Geld bleibt für den Konsum übrig.

So trainiere ich für die Prüfung

Aufgaben

1. Wissensfragen

1.1 Lernfragen

1. Beschreiben Sie den Geld- und Güterkreislauf im Modell des Wirtschaftskreislaufs.

2. Unterscheiden Sie das Modell des Wirtschaftskreislaufs einer offenen Volkswirtschaft vom Modell des Wirtschaftskreislaufs einer geschlossenen Volkswirtschaft.

3. Nennen Sie je zwei Beispiele für Abgaben der Haushalte an den Staat und Abgaben der Unternehmen an den Staat.

4. Die Einkommensumverteilung ist eine Hauptaufgabe des Staates. Erklären Sie in diesem Zusammenhang den Begriff „Transferzahlungen" und führen Sie vier Beispiele an.

5. Führen Sie Beispiele für Geld- und Güterströme an, die zwischen den folgenden Wirtschaftssubjekten fließen:

   a) Unternehmen und Private Haushalte
   b) Private Haushalte und Staat
   c) Unternehmen und Ausland.

1.2 Mehrfachauswahl

1. Ordnen Sie den **Zahlungsvorgängen** a) bis l) die Ziffern aus dem Modell des Wirtschaftskreislaufs zu.

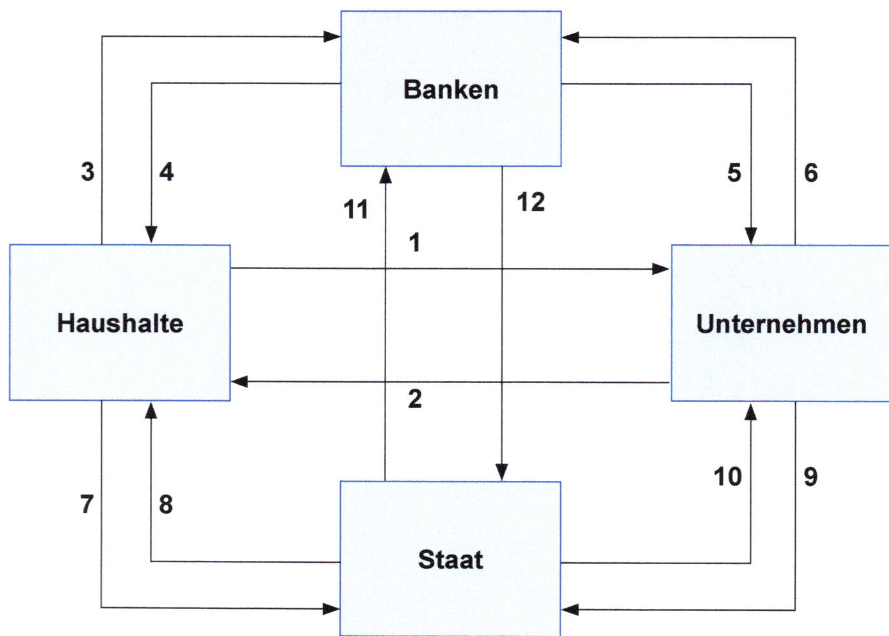

Zahlungsvorgang	
a) Die Stadtverwaltung Nürnberg gleicht die Rechnung des Dachdeckers Schuhmann für Reparaturen am Hallenbad aus.	
b) Die Telcom AG nimmt einen Kredit über 200.000 € bei der Frankenbank AG auf.	
c) Frau Rebhan bezahlt ihre Lebensmitteleinkäufe im Supermarkt.	
d) Familie Grasser erhält Kindergeld für ihren Sohn Max.	
e) Die Schreinerei Weber OHG überweist die fällige Körperschaftsteuer an das Finanzamt.	
f) Die Telcom AG zahlt die fälligen Zinsen für ihren Kredit.	
g) Das Vorstandsmitglied der Telcom AG überweist seine Einkommensteuer.	
h) Herr Fröhlich, Beamter im Ruhestand, erhält seine monatliche Pension auf seinem Girokonto gutgeschrieben.	
i) Die Entwicklung einer emissionsarmen Antriebstechnologie wird durch Subventionen gefördert.	
j) Herr Schmidt, Aktionär der Telcom AG, erhält seine Gewinnbeteiligung von 75 €.	
k) Oma Amalia zahlt 50 € auf das Sparbuch ihres Enkels Felix ein.	
l) Die Landesregierung überzieht ihr Girokonto bei der Landesbank.	

2. Der abgebildete Wirtschaftskreislauf stellt schematisch die **Geldströme** zwischen den Wirtschaftssektoren dar.

Ordnen Sie zu, indem Sie die Kennziffern von vier der insgesamt zehn **Geldströme** des Wirtschaftskreislaufs neben die wirtschaftlichen Aktivitäten schreiben.

Geldströme des Wirtschaftskreislaufs

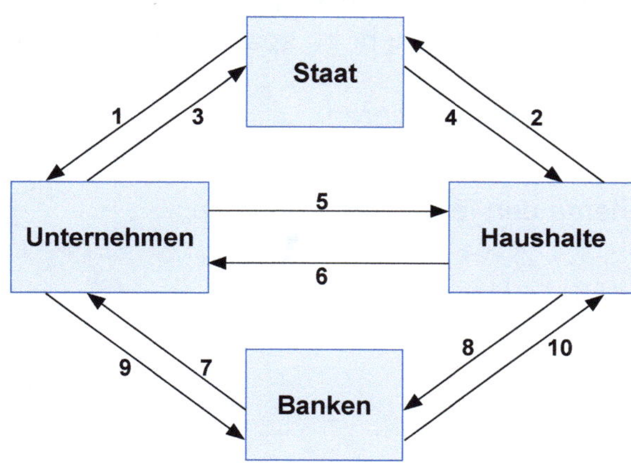

Wirtschaftliche Aktivitäten

Herr Mayer kauft sich ein neues Auto.

Frau Schneider hat der Handelsbank AG eine Garage vermietet. Sie erhält die vereinbarte Miete gutgeschrieben.

Die Büromöbel AG überweist die Umsatzsteuerzahllast an das Finanzamt.

Die Handelsbank AG überweist der Druckerei Flach GmbH die Zinsen für ein fälliges Festgeld.

3. Ordnen Sie die Kennziffern von drei der insgesamt sieben Tätigkeiten der Wirtschaftssubjekte den Sektoren des Wirtschaftskreislaufs zu.

Tätigkeiten der Wirtschaftssubjekte

1. Sachgüter und Dienstleistungen für den Markt produzieren, Gewinn erzielen.
2. Einkommen sparen, Sachgüter und Dienstleistungen für den Markt produzieren.
3. Einkommen für Konsum verwenden, Sachgüter und Dienstleistungen für den Markt produzieren.
4. Einkommen zum Konsum und/oder Sparen verwenden.
5. Einkommen sparen, Steuern erheben.

Sektoren des Wirtschaftskreislaufs

Unternehmen

Private Haushalte

Staat

6. Steuern erheben, Einkommen zum privaten Konsum verwenden.
7. Steuern erheben, Einkommen umverteilen.

4. Stellen Sie fest, wodurch der Sektor „Private Haushalte“ unter anderem gekennzeichnet ist.

a) Der Sektor „Private Haushalte“ zahlt die Umsatzsteuer direkt an den Staat.
b) Der Sektor „Private Haushalte“ stellt den Unternehmen den Produktionsfaktor Arbeit zur Verfügung.
c) Der Sektor „Private Haushalte“ erhält Sozialhilfe von den Unternehmen.
d) Der Sektor „Private Haushalte“ erhält Subventionen von den Unternehmen.
e) Der Sektor „Private Haushalte“ liefert den Unternehmen Güter gegen Entgelt.

5. Geben Sie an, welches Beispiel im Rahmen des Wirtschaftskreislaufs einen Geldstrom vom Staat zu den Unternehmen darstellt.

a) Eine Gemeinde bezahlt die Rechnung für erhaltenes Büromaterial für die Verwaltung.
b) Ein Urlaubsgast aus Spanien bezahlt in einem Restaurant Speisen und Getränke.
c) Eltern erhalten Kindergeld.
d) Die Frankenbank AG zahlt Zinsen für ein Sparguthaben.
e) Eine Familie mit geringem Einkommen erhält Wohngeld.

6. Prüfen Sie, welcher Zusammenhang zwischen „Sparen“ und „Investieren“ besteht.

a) In wirtschaftlich guten Zeiten besteht die Bereitschaft, mehr zu sparen und weniger zu investieren.
b) Wird mehr gespart als investiert, so ist eine wirtschaftliche Aufwärtsbewegung zu erwarten.
c) Wird weniger gespart als investiert, so ist eine wirtschaftliche Abwärtsbewegung zu erwarten.
d) In wirtschaftlich schlechten Zeiten besteht die Bereitschaft, mehr zu sparen und weniger zu investieren.
e) Es besteht kein Zusammenhang zwischen Sparen und Investieren.

7. Ordnen Sie in dem unten stehenden Kreislaufschema den fehlenden Begriff zu.

a) Subventionen
b) Außenbeitrag
c) Import
d) Private Ersparnisse
e) Einkommen
f) Private Investitionen

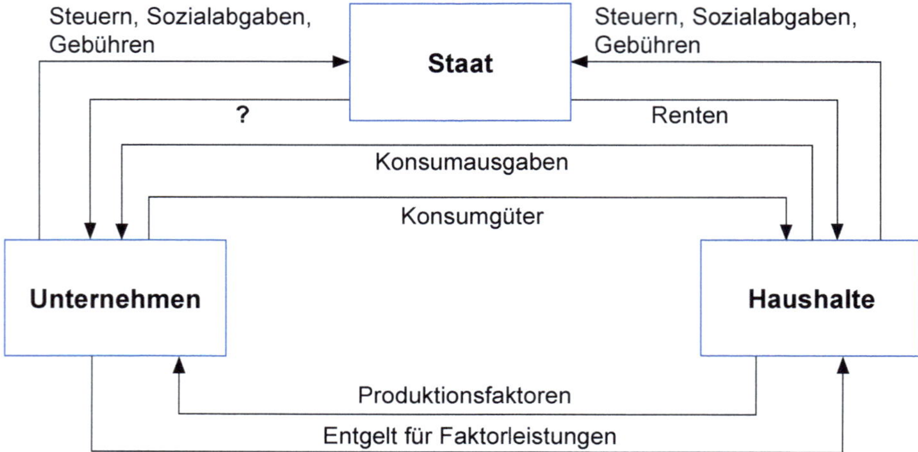

8. Prüfen Sie, welche der folgenden Transaktionen eine mögliche Transferzahlung des Staates an die Haushalte zutreffend beschreibt.

a) Das Land Bayern unterstützt anteilig den Bau einer öffentlichen Sportanlage.
b) Das Land Sachsen begleicht die Rechnung eines Tiefbauunternehmens über den Ausbau einer Autobahn.
c) Ein Oberbürgermeister erhält einen neuen Dienstwagen.
d) Ein verbeamteter Lehrer zahlt für seinen privaten Pkw die Kraftfahrzeugsteuer.
e) Eine Mitarbeiterin der Stadtverwaltung Köln erhält Kindergeld für ihre zwei Kinder.

9. Im Wirtschaftskreislauf eines Landes haben die folgenden drei Zahlungsströme zugenommen.

- Unternehmen an Haushalte
- Haushalte an Unternehmen und
- Haushalte an Staat.

Nennen Sie eine mögliche Ursache für diese Veränderung.

a) Der Einkommensteuertarif wurde angehoben.
b) Die Umsatzsteuersätze wurden gesenkt.
c) Die Beiträge zur Pflegeversicherung sind gestiegen.
d) Die Tarifentgelte wurden branchenübergreifend erhöht.
e) Verbraucher haben Teile ihrer Ersparnisse aufgelöst, um mehr zu konsumieren.

2. Fallsituationen

2.1 Fall 1

In einer Modell-Volkswirtschaft sind folgende Werte nach dem Inlandskonzept gegeben:

Einkommen der privaten Haushalte, von den Unternehmen bezogen	1.000 GE
Staatlicher Konsum (gekaufte Sachgüter und Dienstleistungen) C_{St}	360 GE
Ersparnis der privaten Haushalte	? GE
Steuerzahlungen der Unternehmen	280 GE
Kreditaufnahme der Unternehmen bei den Banken für	
Investitionszwecke (Nettoinvestitionen) I_n	120 GE
Exporte	80 GE
Importe	80 GE
Konsumausgaben der privaten Haushalte	760 GE
Abschreibungen, verwendet für Ersatzinvestitionen	800 GE
Subventionen an Unternehmen (Z)	40 GE
Steuerzahlungen der privaten Haushalte	120 GE

Berechnen Sie die Höhe bzw. das Volumen

a) der Ersparnisse der privaten Haushalte.
b) der Bruttoinvestitionen.
c) des Außenbeitrags.
d) des Staatshaushaltes.
e) Stellen Sie die obigen Werte in einem Wirtschaftskreislauf grafisch dar. Verwenden Sie dazu die beigefügte Grafik.

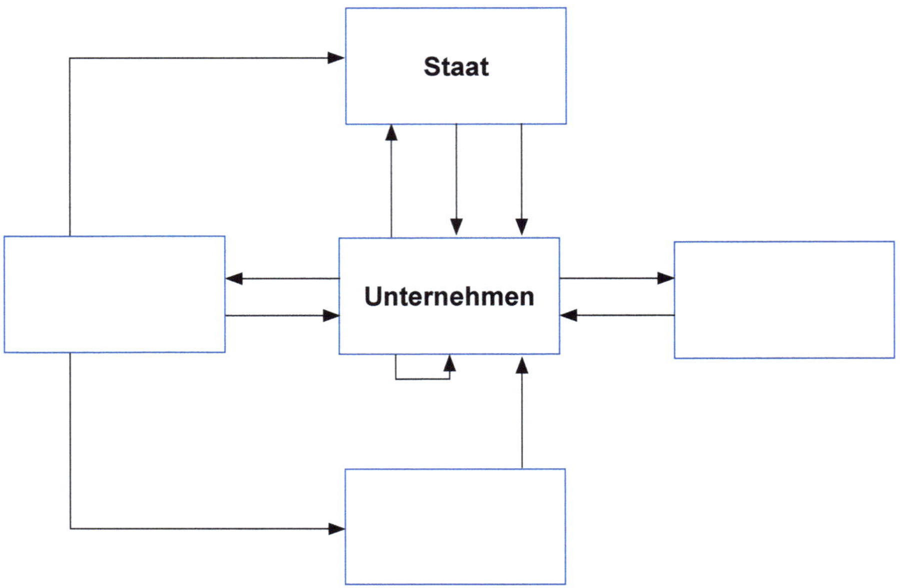

2.2 Fall 2

Die folgende Abbildung zeigt das Modell eines erweiterten Wirtschaftskreislaufs (ohne Ausland).

a) Ermitteln Sie in Geldeinheiten (GE) die Ersparnisbildung der privaten Haushalte.

b) Berechnen Sie, für wie viele Geldeinheiten (GE) der Staat Güter und Dienstleistungen beziehen kann.

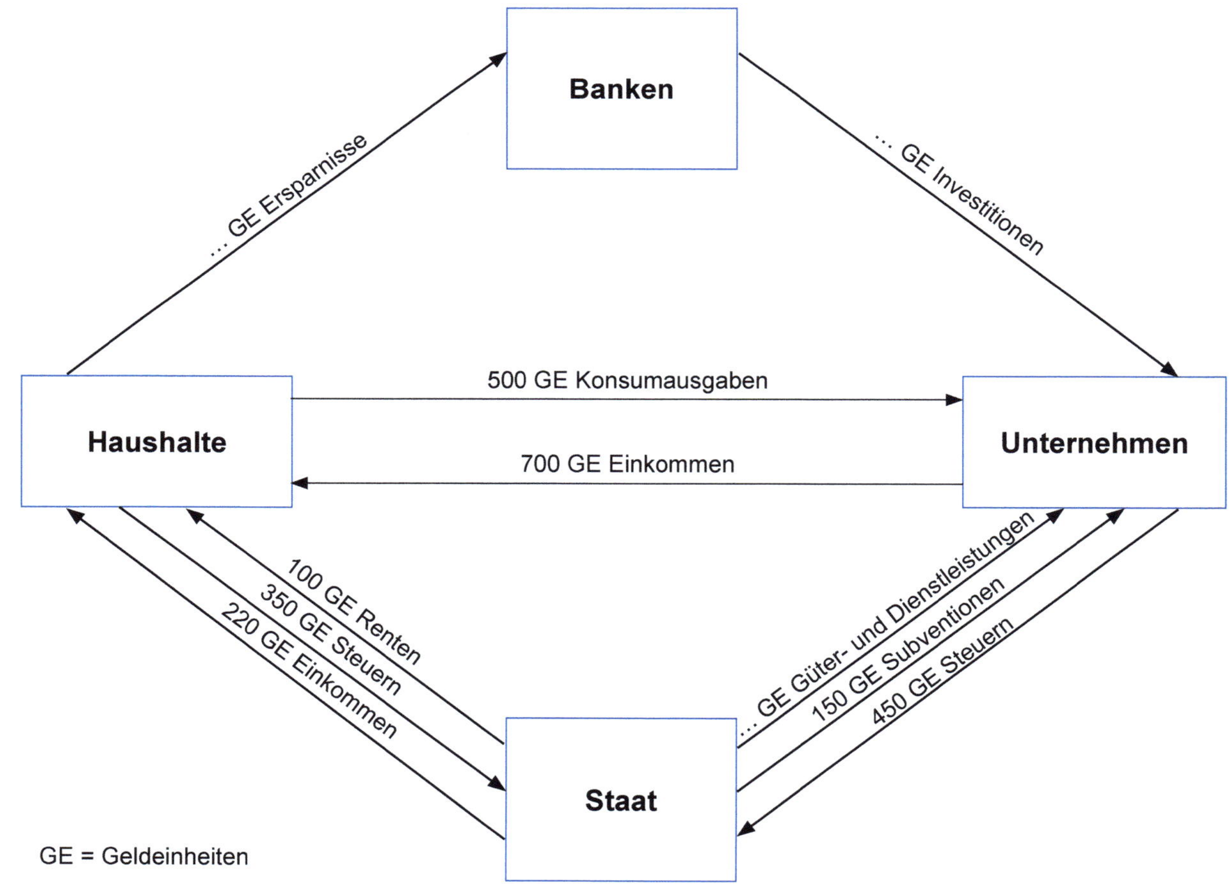

c) Nehmen Sie an, dass in dem vorgegebenen Wirtschaftskreislauf die Sparleistung des Sektors „Private Haushalte“ deutlich zurückgeht. Welche Auswirkungen hätte diese Entwicklung unter sonst gleichbleibenden Bedingungen?

Lösungen

1. Wissensfragen

1.1 Lernfragen

1. Im Modell des Wirtschaftskreislaufs werden die wirtschaftlichen Beziehungen zwischen gleichartigen Wirtschaftssubjekten (private Haushalte, Unternehmen, Staat, Banken, Ausland) untersucht. Hierbei können die wirtschaftlichen Vorgänge (Transaktionen) in Güter- und Geldströmen unterschieden werden.

Im Güterkreislauf werden alle realen Ströme (Güterströme) wie Lieferungen von Waren und Dienstleistungen oder das Zurverfügungstellen von Produktionsfaktoren (Arbeit, Boden, Kapital) erfasst.

Im Geldkreislauf werden alle monetären Ströme (Geldströme) erfasst. Das sind Zahlungsströme wie Kaufpreis-, Steuer-, Subventions-, Transfer-, Einkommenszahlungen sowie Sparleistungen und Kreditvergaben.

Güter- und Geldströme verlaufen dabei immer in gegensätzlicher Richtung.

2. Der Wirtschaftskreislauf einer geschlossenen Volkswirtschaft zeigt die modellhafte Darstellung der wirtschaftlichen Abläufe zwischen den Sektoren Private Haushalte, Unternehmen, Banken (Kapitalsammelstellen) und Staat innerhalb einer bestimmten Volkswirtschaft. In diesem Modell finden keine wirtschaftlichen Handelsbeziehungen zu anderen Volkswirtschaften (Ausland) statt. Dies ist wirklichkeitsfremd.

Wird das Modell des Wirtschaftskreislaufs durch die Öffnung der geschlossenen Volkswirtschaft gegenüber dem Ausland erweitert, so liegt das Modell des Wirtschaftskreislaufs einer offenen Volkswirtschaft vor. Neben den Sektoren Unternehmen, Private Haushalte, Staat (öffentliche Haushalte) und Banken werden die mit dem Ausland getätigten wirtschaftlichen Transaktionen (Ein- und Ausfuhr von Waren, Dienstleistungen oder Kapital) in die Betrachtungen einbezogen.

3. Abgaben der Haushalte an den Staat: z. B. Einkommensteuer, Gebühren und Beiträge (z. B. Arbeitnehmeranteil an den Sozialversicherungsbeiträgen)

Abgaben der Unternehmen an den Staat: z. B. Körperschaftsteuer, Gewerbesteuer, indirekte Steuern (z. B. Umsatzsteuer), Arbeitgeberanteil an den Sozialversicherungsbeiträgen

4. Transferzahlungen sind staatliche Ausgaben, d. h. unentgeltliche Leistungen des Staates an bestimmte Privatpersonen (ohne direkte Gegenleistung). Sie dienen vor allem dazu, innerhalb einer Volkswirtschaft soziale Gerechtigkeit walten zu lassen. Das qualitative Ziel „gerechte Einkommens- und Vermögensverteilung“ des magischen Sechsecks der Wirtschaftspolitik wird damit verfolgt.

Beispiele für Transferzahlungen des Staates:

- BAföG an Schüler und Studenten
- Kindergeld
- Wohngeld

- Hartz IV
- Sozialhilfe
- Renten
- Elterngeld.

Staatliche Zahlungen ohne Gegenleistungen an Unternehmen sind z. B. Subventionen.

5.

a) Unternehmen und Private Haushalte

Private Haushalte stellen den Unternehmen Produktionsfaktoren (Arbeit, Boden, Kapital) zur Verfügung und erhalten dafür Einkommen in Form von Arbeitsentgelten, Pacht, Miete, Dividenden oder Zinserträgen. Die Privaten Haushalte kaufen Konsumgüter (Waren und Dienstleistungen) bei den Unternehmen und leisten hierfür die Konsumausgaben.

b) Private Haushalte und Staat

Die Privaten Haushalte stellen dem Staat Produktionsfaktoren (Arbeit, Boden, Kapital) zur Verfügung und erhalten dafür Einkommen in Form von Arbeitsentgelten, Pacht, Miete oder Zinserträgen (für Bundeswertpapiere). Zudem müssen die Privaten Haushalte öffentlich-rechtliche Abgaben (Steuern, Gebühren, Beiträge) an den Staat leisten. Der Staat leistet an die Privaten Haushalte Transferzahlungen und ermöglicht zudem die Nutzung öffentlicher Einrichtungen.

c) Unternehmen und Ausland

Inländische Unternehmen exportieren Waren und Dienstleistungen ins Ausland und erhalten hierfür Exporterlöse. Gleichzeitig importieren sie Waren und Dienstleistungen aus dem Ausland und müssen hierfür Importausgaben tätigen.

1.2 Mehrfachauswahl

1. Dargestellt sind die Geldströme.

Zahlungsvorgang	
a) Die Stadtverwaltung Nürnberg gleicht die Rechnung des Dachdeckers Schuhmann für Reparaturen am Hallenbad aus.	10
b) Die Telcom AG nimmt einen Kredit über 200.000 € bei der Frankenbank AG auf.	5
c) Frau Rebhan bezahlt ihre Lebensmitteleinkäufe im Supermarkt.	1
d) Familie Grasser erhält Kindergeld für ihren Sohn Max.	8
e) Die Schreinerei Weber OHG überweist die fällige Körperschaftsteuer an das Finanzamt.	9
f) Die Telcom AG zahlt die fälligen Zinsen für ihren Kredit.	6
g) Das Vorstandsmitglied der Telcom AG überweist seine Einkommensteuer.	7
h) Herr Fröhlich, Beamter im Ruhestand, erhält seine monatliche Pension auf seinem Girokonto gutgeschrieben.	8
i) Die Entwicklung einer emissionsarmen Antriebstechnologie wird durch Subventionen gefördert.	10
j) Herr Schmidt, Aktionär der Telcom AG, erhält seine Gewinnbeteiligung von 75 €.	2
k) Oma Amalia zahlt 50 € auf das Sparbuch ihres Enkels Felix ein.	3
l) Die Landesregierung überzieht ihr Girokonto bei der Landesbank.	12

2. 6, 5, 3, 7

3. 1, 4, 7

4. b

Die Haushalte stellen Arbeitskräfte für die Unternehmen.

5. a

Eine Gemeinde gehört zum Sektor „Staat“, und das Bezahlen einer Rechnung ist ein Geldstrom.

6. d

Die Bürger sparen aus Angst vor Arbeitslosigkeit etc. Die Unternehmen investieren weniger, da sie keine Überkapazitäten aufbauen wollen.

7. a

8. e

Die Mitarbeiterin der Stadt gehört als Empfängerin von Kindergeld zum Sektor „Haushalte“.

9. d

Höhere Arbeitseinkommen ermöglichen einen höheren privaten Konsum und höhere Steuereinnahmen (Einkommensteuer, Umsatzsteuer) für den Staat.

2. Fallsituationen

2.1 Fall 1

B

a) Einnahmen - Ausgaben = Ersparnisse
1.000 - 760 - 120 = 120 GE

b) Bruttoinvestitionen = Nettoinvestitionen + Abschreibungen
= 120 + 800 = 920 GE

c) Außenbeitrag = Export - Import
= 80 - 80 = 0

d) Volumen des Staatshaushaltes = Einnahmen des Staates =
Steuerzahlungen der Unternehmen + Steuerzahlungen der privaten Haushalte =
280 GE + 120 GE = 400 GE

e)

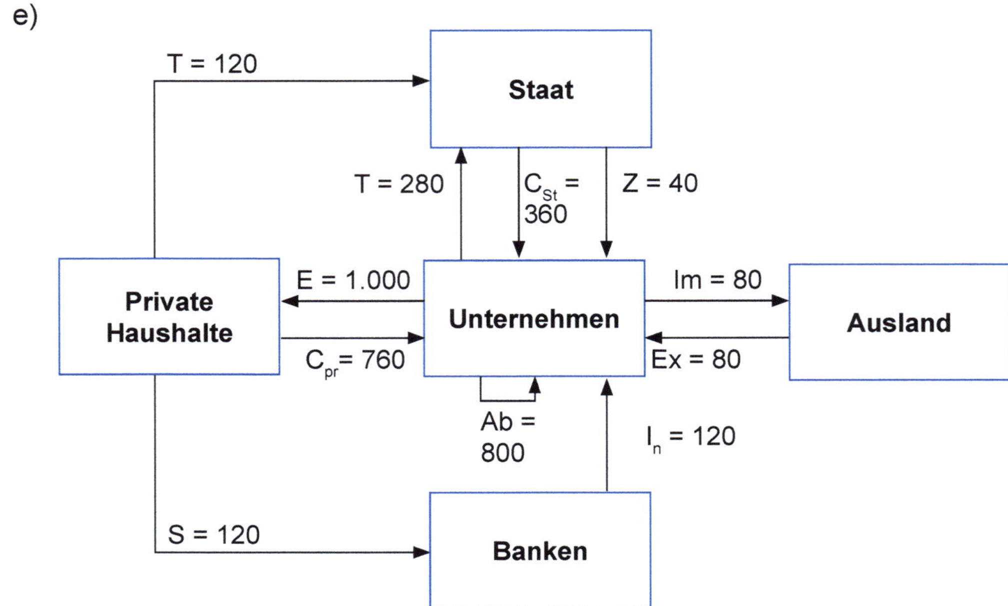

B

2.2 Fall 2

a) 700 + 220 + 100 - 350 - 500 = 170 = Höhe der kreditfinanzierten Investitionen der Unternehmen

b) 350 + 450 - 100 - 220 - 150 = 330

c) Die durch Bankkredite finanzierten Investitionsmöglichkeiten der Unternehmen werden sinken.

2. Volkswirtschaftliche Messgrößen

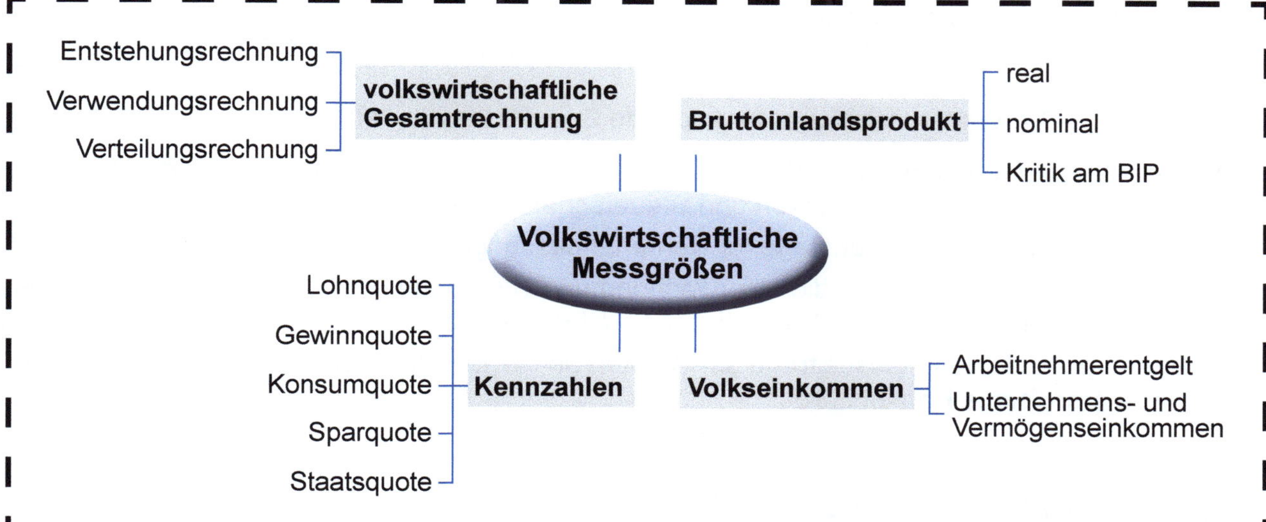

Was muss ich für die Prüfung wissen?

2.1 Volkswirtschaftliche Gesamtrechnungen (VGR)

Volkswirtschaftliche Gesamtrechnungen (VGR) sind die Zusammenfassung mehrerer Teilrechnungen, die das wirtschaftliche Geschehen in einer abgelaufenen Periode darstellen.

Die VGR bestehen im Wesentlichen aus einer

- Entstehungsrechnung
- Verteilungsrechnung
- und einer Verwendungsrechnung,

in deren Mittelpunkt das Bruttoinlandsprodukt (BIP) steht.

Die VGR für die Bundesrepublik Deutschland werden vom Statistischen Bundesamt in Wiesbaden durchgeführt und veröffentlicht. Sie liefern wichtige Daten für die Beurteilung und Gestaltung der Wirtschaftspolitik.

Die Daten der VGR werden insbesondere von folgenden Institutionen genutzt:

- nationale Nutzer:
  - Bundesregierung (v. a. Wirtschafts- und Finanzministerium)
  - Deutsche Bundesbank
  - Sachverständigenrat
  - Wirtschaftsforschungsinstitute.

- internationale Nutzer:
  - Statistisches Amt der Europäischen Gemeinschaft (Eurostat)
  - Europäische Zentralbank (EZB)
  - Internationaler Währungsfonds (IWF)
  - Organisation für wirtschaftliche Zusammenarbeit und Entwicklung (OECD).

Die Daten der VGR werden dabei u. a. für folgende Zwecke verwendet:

- Bundesregierung, Wirtschaftsforschungsinstitute und Sachverständigenrat nutzen die Daten zur Erstellung von Wachstumsprognosen und Steuerschätzungen.
- Die BIP-Daten sind ferner Grundlage für Rentenanpassungen.
- Das BIP ist eine Grundlage für die Überwachung und Steuerung der europäischen Währungspolitik (Konvergenzkriterium der Europäischen Währungsunion).
- Die Berechnung der Mitgliedsbeiträge der Staaten an die EU richtet sich nach dem Bruttonationaleinkommen (siehe Kapitel 2.3).

2.2 Das Bruttoinlandsprodukt (BIP)

Das **Bruttoinlandsprodukt** misst den Wert der im Inland in einer Periode hergestellten Waren und Dienstleistungen.

Es ist ein Indikator für die wirtschaftliche Leistung einer Volkswirtschaft in einem bestimmten Zeitraum.

Das BIP wird in jeweiligen Preisen (nominal) und preisbereinigt (real) errechnet. Auf Vorjahrespreisbasis wird die „reale" Wirtschaftsentwicklung im Zeitablauf frei von Preiseinflüssen dargestellt.

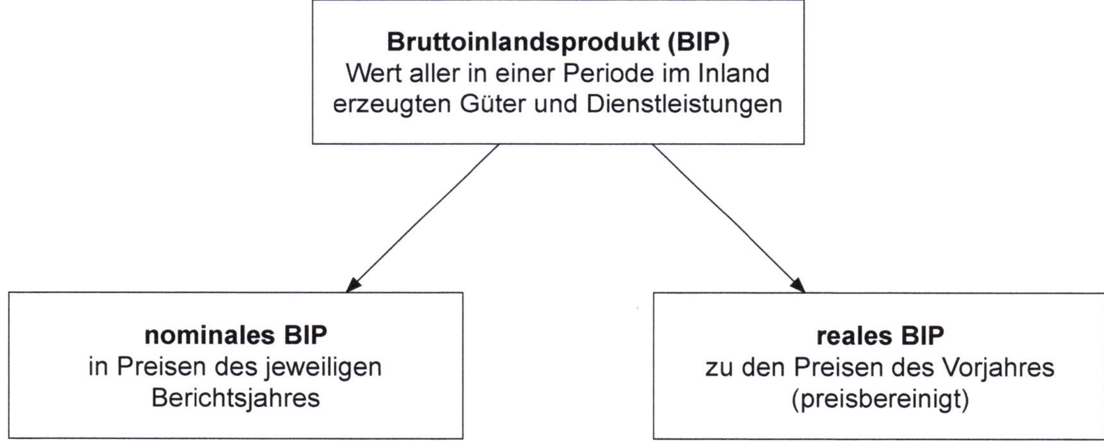

Die **Veränderungsrate des preisbereinigten BIP** dient als Messgröße für das Wirtschaftswachstum einer Volkswirtschaft.

2.3 Berechnung des BIP

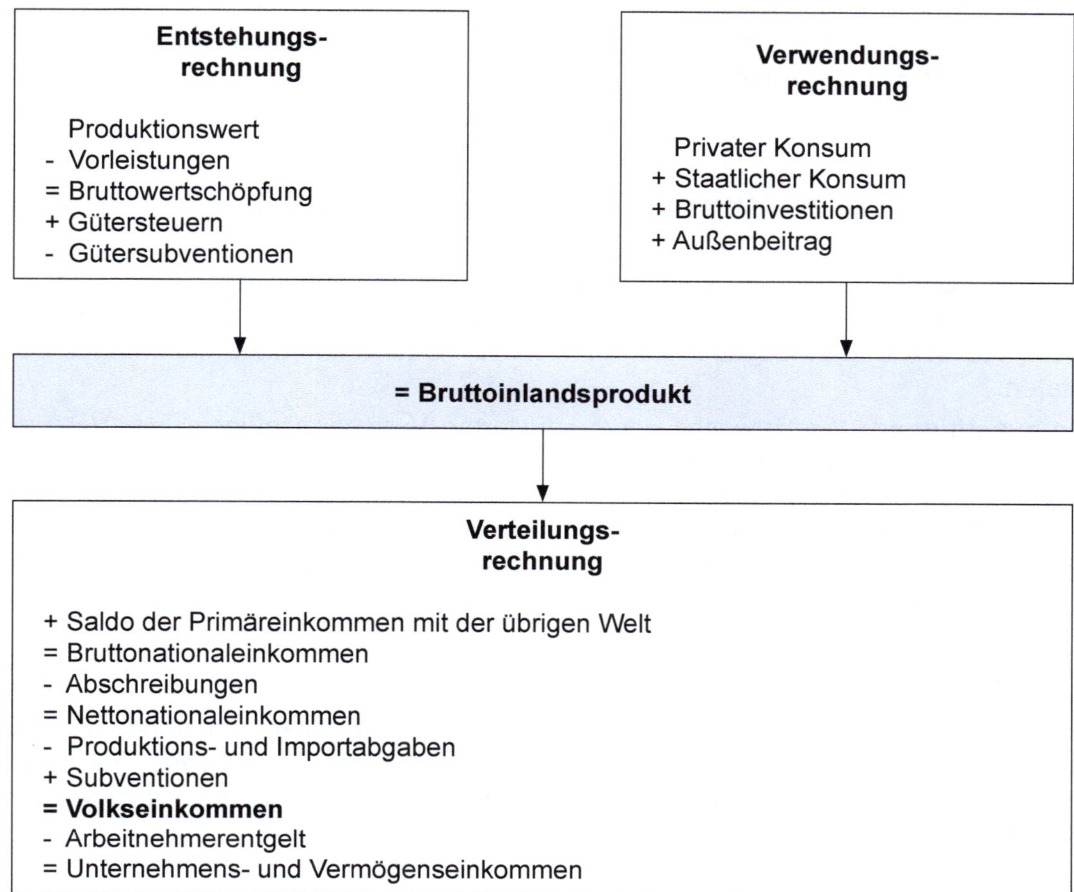

a) Entstehungsrechnung

In der Entstehungsrechnung wird das BIP berechnet, indem die Wertschöpfung aller Produzenten als Differenz zwischen dem Wert der produzierten Waren und Dienstleistungen (Produktionswert) und den bezogenen Vorleistungen berechnet wird und dann die Gütersteuern hinzugefügt und die Gütersubventionen abgezogen werden. Die Bruttowertschöpfung wird dabei getrennt nach Wirtschaftsbereichen ermittelt.

Erläuterungen:

- **Produktionswert:** Wert aller Verkäufe, Bestandsveränderungen und selbst erstellten Anlagen
- **Vorleistungen:** Wert der im Produktionsprozess verbrauchten, verarbeiteten oder umgewandelten Waren und Dienstleistungen
- **Gütersteuern:** Steuern bzw. Abgaben, die mengen- oder wertabhängig von den erzeugten Gütern bzw. Dienstleistungen sind (z. B. Tabaksteuer, Energiesteuer, Versicherungsteuer, nicht abziehbare Umsatzsteuer, Zölle)
- **Gütersubventionen:** laufende Zahlungen ohne Gegenleistung, die der Staat oder die Europäische Union pro Wert- oder Mengeneinheit einer produzierten Ware bzw. Dienstleistung an den Produzenten leisten (z. B. Ausfuhrerstattungen für landwirtschaftliche Erzeugnisse, Abgeltungszahlungen im ÖPNV für Schülertarife, Schwerbehindertentarife etc.)
- **Nettogütersteuern:** Differenz zwischen Gütersteuern und Gütersubventionen.

b) Verwendungsrechnung

Die Verwendungsrechnung setzt an der Nachfrageseite an. Es werden die Ausgaben für die Endverwendung von Waren und Dienstleistungen ermittelt, d. h. private und staatliche Konsumausgaben, Investitionen sowie der Außenbeitrag.

Erläuterungen:

- **Privater Konsum:** Wert der Waren und Dienstleistungen, die inländische private Haushalte für ihren Verbrauch kaufen.
- **Staatlicher Konsum:** Wert der vom Staat der Allgemeinheit ohne spezielles Entgelt zur Verfügung gestellten, nicht marktbestimmten Dienstleistungen (z. B. Infrastruktur, Schulen, Polizei etc.); er umfasst u. a. die Ausgaben für den Kauf von Gütern und die Entlohnung der Staatsbediensteten.
- **Bruttoinvestitionen:** Wertzuwachs der produzierten Vermögensgüter in der Volkswirtschaft; Bruttoinvestitionen - Ersatzinvestitionen (Abschreibungen) = Nettoinvestitionen; erfasst werden Ausrüstungsinvestitionen (z. B. Maschinen), Bauinvestitionen (z. B. Gebäude), Vorratsveränderungen (Veränderung der Lagerbestände) und immaterielle Gegenstände (z. B. Software).
- **Außenbeitrag:** Differenz zwischen dem Wert der ein- und ausgeführten Waren und Dienstleistungen (Export - Import).

c) Verteilungsrechnung

Die Verteilungsrechnung zeigt die im Rahmen der Produktionstätigkeit entstandenen und geleisteten Einkommen: Arbeitnehmerentgelt der Inländer, Unternehmens- und Vermögenseinkommen, Produktions- und Importabgaben an den Staat, Subventionen des Staates, Abschreibungen, Primäreinkommen aus der bzw. an die übrige Welt.

Erläuterungen:

- **Saldo der Primäreinkommen mit der übrigen Welt:** Primäreinkommen, die vom Ausland in das Inland fließen - Primäreinkommen, die vom Inland in das Ausland fließen
- **Bruttonationaleinkommen (zu Marktpreisen):** Umfasst die von Inländern erwirtschafteten Einkommen im Inland und in der übrigen Welt (Ausland)
- **Abschreibungen:** Messgröße für die Wertminderung von Anlagevermögen
- **Nettoinlandsprodukt (zu Marktpreisen):** Es ergibt sich, indem man vom Bruttoinlandsprodukt (zu Marktpreisen) die Abschreibungen abzieht.
- **Nettonationaleinkommen (zu Marktpreisen):** Um die Abschreibungen vermindertes Einkommen der Inländer
- **Produktions- und Importgaben:** Gütersteuern + sonstige Produktionsabgaben (z. B. Gewerbesteuer, Grundsteuer für Betriebsgrundstücke, Kraftfahrzeugsteuer für Betriebsfahrzeuge etc.); die sonstigen Produktionsabgaben fallen noch vor der Gewinnermittlung an, werden aber nicht pro Gütereinheit bemessen.
- **Subventionen:** Gütersubventionen + sonstige Subventionen; die sonstigen Subventionen umfassen alle weiteren im Produktionsbereich gewährten, aber nicht pro Gütereinheit bemessenen Subventionen.
- **Nettoproduktionsabgaben:** Produktions- und Importabgaben - Subventionen
- **Volkseinkommen (Nettonationaleinkommen zu Faktorkosten):** Umfasst das von Inländern empfangene Arbeitnehmerentgelt sowie die Unternehmens- und Vermögenseinkommen
- **Arbeitnehmerentgelt:** Einkommen aus unselbstständiger Arbeit (Löhne, Gehälter)
- **Unternehmens- und Vermögenseinkommen:** Umfasst Einkommen aus Unternehmertätigkeit, Zinsen, Dividenden, Mieten/Pachten etc; in den Volkswirtschaftlichen Gesamtrechnungen ergibt sich das Unternehmens- und Vermögenseinkommen als Restgröße.

- **Verfügbares Einkommen:** Einkommen, die den privaten Haushalten zufließen (inklusive Transferzahlungen des Staates) und die sie nach Abzug von Steuern, Sozialversicherungsbeiträgen für Konsum- und Sparzwecke verwenden können.

BIP und Volkseinkommen im Überblick:

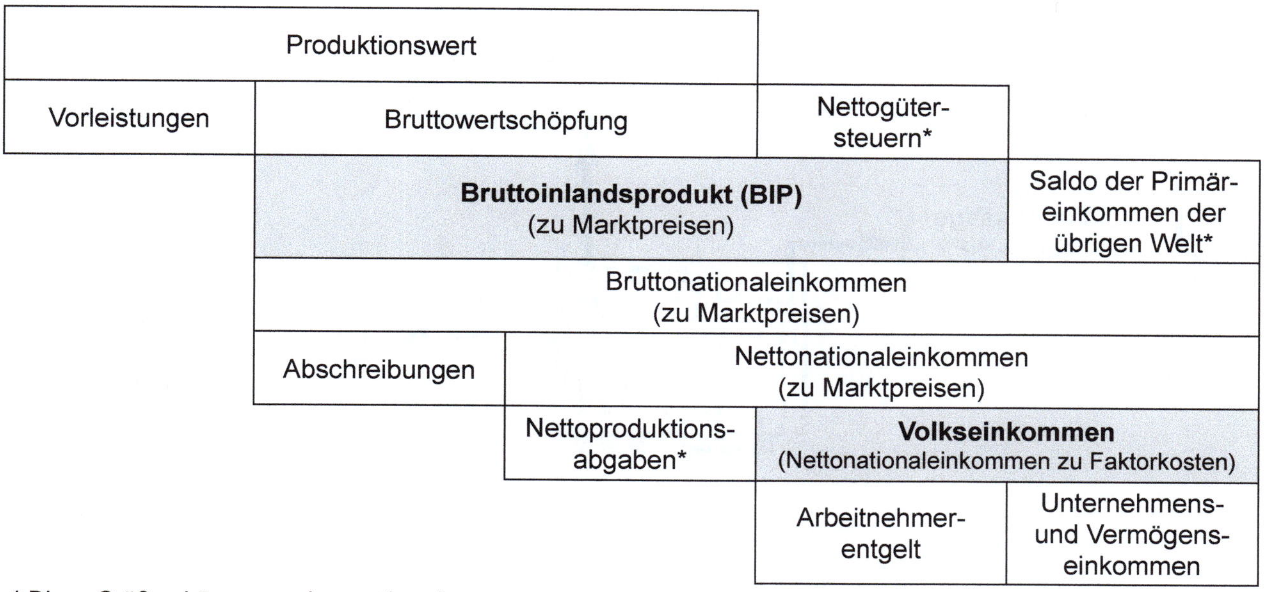

<table>
<tr><td colspan="3">Produktionswert</td><td></td><td></td></tr>
<tr><td>Vorleistungen</td><td colspan="2">Bruttowertschöpfung</td><td>Nettogütersteuern*</td><td></td></tr>
<tr><td></td><td colspan="3">Bruttoinlandsprodukt (BIP)
(zu Marktpreisen)</td><td>Saldo der Primäreinkommen der übrigen Welt*</td></tr>
<tr><td></td><td colspan="4">Bruttonationaleinkommen
(zu Marktpreisen)</td></tr>
<tr><td></td><td>Abschreibungen</td><td colspan="3">Nettonationaleinkommen
(zu Marktpreisen)</td></tr>
<tr><td></td><td></td><td>Nettoproduktionsabgaben*</td><td colspan="2">Volkseinkommen
(Nettonationaleinkommen zu Faktorkosten)</td></tr>
<tr><td></td><td></td><td></td><td>Arbeitnehmerentgelt</td><td>Unternehmens- und Vermögenseinkommen</td></tr>
</table>

* Diese Größen können auch negativ sein.

2.4 Kennzahlen der VGR

Neben dem BIP und dem Volkseinkommen existiert eine Reihe weiterer Kennzahlen, mithilfe derer sich die Daten der VGR auswerten lassen. Einige von ihnen werden im Folgenden vorgestellt.

Kennzahl	Formel	Die Kennzahl sagt aus, ...
Konsumquote	$\frac{\text{Privater Konsum}}{\text{verfügbares Einkommen der privaten Haushalte}} \cdot 100\ \%$	... welchen Teil ihres verfügbaren Einkommens die privaten Haushalte für den Konsum ausgeben.
Sparquote	$\frac{\text{Spareinlagen der privaten Haushalte}}{\text{verfügbares Einkommen der privaten Haushalte}} \cdot 100\ \%$	... welchen Teil ihres verfügbaren Einkommens die privaten Haushalte sparen (und somit nicht für den Konsum ausgeben).
Lohnquote	$\frac{\text{Arbeitnehmerentgelt}}{\text{Volkseinkommen}} \cdot 100\ \%$	... welcher Teil des Volkseinkommens auf Arbeitnehmerentgelt zurückzuführen ist.
Gewinnquote	$\frac{\text{Unternehmens- u. Vermögenseinkommen}}{\text{Volkseinkommen}} \cdot 100\ \%$	... welcher Teil des Volkseinkommens auf Unternehmens- und Vermögenseinkommen zurückzuführen ist.
Staatsquote	$\frac{\text{Staatsausgaben}}{\text{BIP}} \cdot 100\ \%$	... welchen Anteil die Staatsausgaben am BIP haben.

Was erwartet mich in der Prüfung?

1. Das Lernlabyrinth

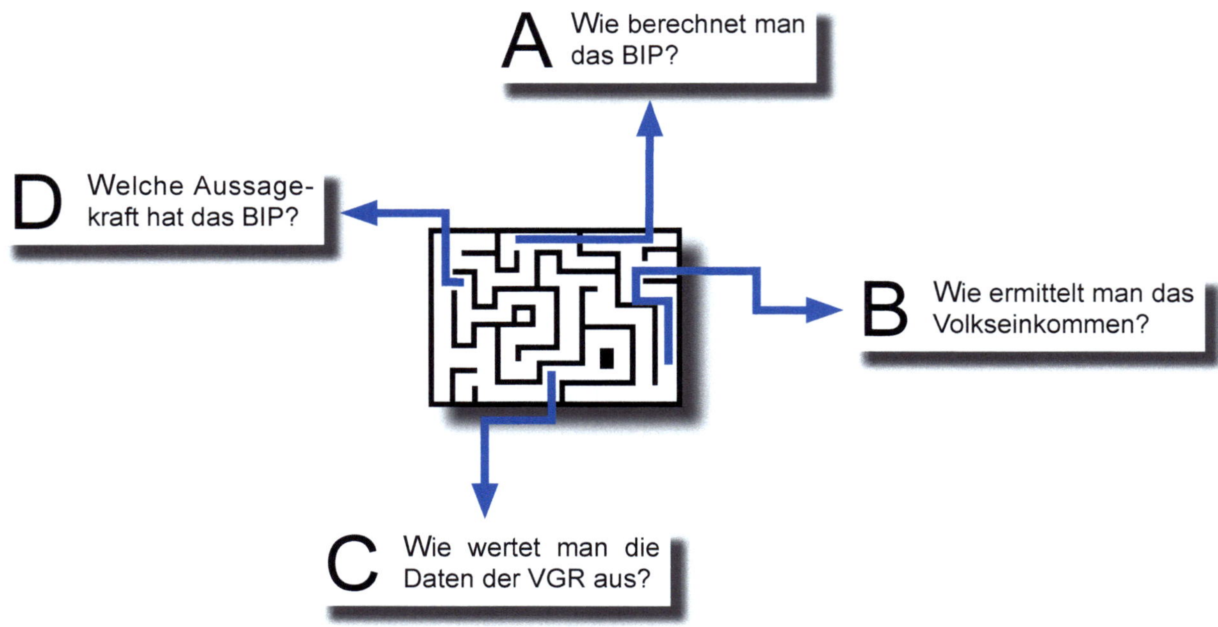

2. Wege aus dem Lernlabyrinth

A Wie berechnet man das BIP?

Beispiel:

Für ein Land liegen die folgenden volkswirtschaftlichen Daten vor:

Produktionswert	400 Mrd. GE	Privater Konsum	100 Mrd. GE
Vorleistungen	180 Mrd. GE	Staatlicher Konsum	50 Mrd. GE
Gütersteuern	40 Mrd. GE	Bruttoinvestitionen	80 Mrd. GE
Gütersubventionen	10 Mrd. GE	Exporte	90 Mrd. GE
		Importe	70 Mrd. GE

1. Ermittlung des BIP über die Entstehungsrechnung:

	Produktionswert	400 Mrd. GE
-	Vorleistungen	180 Mrd. GE
=	Bruttowertschöpfung	220 Mrd. GE
+	Gütersteuern abzüglich -subventionen	30 Mrd. GE
=	Bruttoinlandsprodukt	250 Mrd. GE

Vorleistungen abziehen! Dies ist erforderlich, damit ein und dieselbe wirtschaftliche Leistung nicht mehrfach in die BIP-Rechnung eingeht.

In vielen Statistiken ist die Bruttowertschöpfung nach Wirtschaftsbereichen gegeben. In diesen Fällen müssen dann die Bruttowertschöpfungen der verschiedenen Wirtschaftsbereiche zu einem Gesamtbetrag zusammenaddiert werden.

2. Ermittlung des BIP über die Verwendungsrechnung:

	Private Konsumausgaben	100 Mrd. GE
+	Konsumausgaben des Staates	50 Mrd. GE
+	Bruttoinvestitionen	80 Mrd. GE
+	Außenbeitrag	20 Mrd. GE
=	Bruttoinlandsprodukt	250 Mrd. GE

Entstehungs- und Verwendungsrechnung müssen zum gleichen Ergebnis führen!

Der Außenbeitrag kann auch negativ sein! Dies ist dann der Fall, wenn die Importe größer sind als die Exporte. Ein negativer Außenbeitrag mindert das BIP.

B Wie ermittelt man das Volkseinkommen?

Beispiel:

Das BIP beträgt 250 Mrd. GE. Zusätzlich sind folgende Größen bekannt:

Primäreinkommen von Inländern aus dem Ausland	30 Mrd. GE
Primäreinkommen von Ausländern aus dem Inland	40 Mrd. GE
Abschreibungen	80 Mrd. GE
Produktions- und Importabgaben	70 Mrd. GE
Subventionen	50 Mrd. GE

Ermittlung des Volkseinkommens über die Verteilungsrechnung:

	Bruttoinlandsprodukt	250 Mrd. GE
+	Saldo der Primäreinkommen aus der übrigen Welt	- 10 Mrd. GE
=	Bruttonationaleinkommen	240 Mrd. GE
-	Abschreibungen	80 Mrd. GE
=	Nettonationaleinkommen	160 Mrd. GE
-	Nettoproduktionsabgaben	20 Mrd. GE
=	Volkseinkommen	140 Mrd. GE

Der Saldo der Primäreinkommen kann auch negativ sein! Dann ist der Betrag im Rahmen der Verteilungsrechnung vom BIP abzuziehen (siehe Beispielrechnung).

Der Saldo der Primäreinkommen aus der übrigen Welt

- ist positiv, wenn den Inländern mehr Einkommen aus dem Ausland zufließt als Ausländern aus dem Inland.
- ist negativ, wenn Ausländern mehr Einkommen aus dem Inland zufließt als Inländern aus dem Ausland.

Nettoproduktionsabgaben sind nicht gleich Nettogütersteuern! Die Gütersteuern machen nur einen Teil der Produktions- und Importabgaben aus und die Gütersubventionen nur einen Teil der gesamten Subventionen (siehe Wissensteil).

C Wie wertet man die Daten der VGR aus?

Beispiel:

Die amtliche Statistik weist für ein Land folgende gesamtwirtschaftliche Größen aus.

Gesamtwirtschaftliche Größen	Einheit	J07	J08	J09
Bruttowertschöpfung	Mrd. €	2 176,57	2 239,24	2 152,36
Land- und Forstwirtschaft; Fischerei	Mrd. €	20,67	20,25	17,39
Produzierendes Gewerbe ohne Baugewerbe	Mrd. €	568,38	572,72	474,65
Baugewerbe	Mrd. €	88,28	95,23	97,79
Handel, Gastgewerbe und Verkehr	Mrd. €	379,58	397,43	376,09
Finanzierung, Vermietung und Unternehmensdienstleister	Mrd. €	639,37	659,16	668,90
Öffentliche und private Dienstleister	Mrd. €	480,29	494,45	517,54
Bruttoinlandsprodukt	Mrd. €	2 428,20	2 495,80	2 409,10
Konsumausgaben	Mrd. €	1 810,96	1 861,48	1 884,35
Private Konsumausgaben	Mrd. €	1 375,39	1 409,71	1 410,81
Konsumausgaben Staat	Mrd. €	435,57	451,77	473,54
Bruttoanlageinvestitionen	Mrd. €	455,53	474,71	429,86
Ausrüstungen	Mrd. €	196,53	201,79	158,16
Bauten	Mrd. €	231,50	244,99	244,38
Sonstige Anlagen	Mrd. €	27,50	27,93	27,32
Vorratsveränderungen und Nettozugang an Wertsachen	Mrd. €	- 9,99	3,92	- 18,24
Inländische Verwendung von Gütern	Mrd. €	2 256,50	2 340,11	2 295,97
Außenbeitrag (Exporte minus Importe)	Mrd. €	171,70	155,69	113,13
Exporte (Waren u. Dienstleistungen)	Mrd. €	1 139,49	1 179,36	979,33
Importe (Waren u. Dienstleistungen)	Mrd. €	967,79	1 023,67	866,20
Bruttonationaleinkommen	Mrd. €	2 477,68	2 536,99	2 443,95
Volkseinkommen	Mrd. €	1 840,26	1 886,04	1 806,55
Arbeitnehmerentgelt	Mrd. €	1 180,86	1 225,06	1 223,34
Unternehmens- und Vermögenseinkommen	Mrd. €	659,40	660,98	583,21
Bruttoinlandsprodukt (BIP)				
preisbereinigt	J00 = 100	108,89	110,26	104,82
Veränderungsrate des BIP, preisbereinigt	%	2,5	1,3	- 4,9

1. BIP

a) Wie hoch ist das Wirtschaftswachstum?

⇒ **BIP:** Das BIP betrug im Jahr 09 2.409,10 Mrd. €.

Das absolute BIP gibt nur bedingt Aufschluss über das Wirtschaftswachstum,

- da es sich zum einen um nominale Werte handelt, also die Preissteigerungsrate noch nicht herausgerechnet ist
- und zum anderen die Veränderung des BIP gegenüber dem Vorjahr (den Vorjahren) nicht zum Ausdruck kommt.

Ziehen Sie zur Beurteilung des realen Wirtschaftswachstums die **preisbereinigte Veränderungsrate des BIP** heran.

Hier wiederum gibt es zwei Varianten:

⇒ **Indexzahlen:** BIP preisbereinigt für J09 = 104,82 (J00 = 100)
Das BIP war im Jahr 09 preisbereinigt um 4,82 % höher als im Jahr 00.

⇒ **Veränderungsrate gegenüber dem Vorjahr (Verkettung):** - 4,9 % für J09
Das BIP ist im Jahr 09 gegenüber dem Jahr 08 preisbereinigt um 4,9 % gesunken.

b) Welche Wirtschaftsbereiche haben den größten Anteil an der Entstehung des BIP?

⇒ **Bruttowertschöpfung:** Demnach wurde J09 im Bereich „Finanzierung, Vermietung, Unternehmensdienstleister“ (Banken, Versicherungen etc.) mit 668,90 Mrd. € die größte Bruttowertschöpfung erwirtschaftet, gefolgt von den „Öffentlichen und privaten Dienstleistern“ mit 517,54 Mrd. € und dem „Produzierenden Gewerbe“ mit 474,65 Mrd. €.

c) Wofür wird das BIP verwendet?

⇒ **Verwendungsrechnung:** Mit 1.410,81 Mrd. € macht der private Konsum 09 den größten Anteil aus, gefolgt vom staatlichen Konsum mit 473,54 Mrd. €, den Bruttoanlageinvestitionen mit 429,86 Mrd. €, und dem Außenbeitrag (Exportüberschuss) von 113,13 Mrd. €. Ferner waren Vorratsveränderungen und Nettozugang an Wertsachen in Höhe von - 18,24 Mrd. € zu verzeichnen.

d) Welchen Einfluss hat der Staat auf das BIP?

⇒ **Staatsquote** = (Staatsausgaben* : BIP) · 100 % = (1.144,9 Mrd. € : 2.409,10 Mrd. €) · 100 % = 47,5 %
→ Die Staatsausgaben machen 47,5 % des BIP aus.

* Die Staatsausgaben betrugen im Jahr 09 1.144,9 Mrd. €.

Die Staatsausgaben sind nicht gleich dem staatlichen Konsum! Neben dem Konsum gibt der Staat auch Geld für Investitionen, Subventionen, soziale Leistungen etc. aus. Deshalb sind die Staatsausgaben insgesamt deutlich höher als der staatliche Konsum.

2. Volkseinkommen

a) Wie hoch ist das Volkseinkommen?

⇒ Das **Volkseinkommen** betrug im Jahr 09 1.806,55 Mrd. €.

b) Wie verteilt sich das Volkseinkommen?

⇒ **Arbeitnehmerentgelt:** 1.223,34 Mrd. € (J09).
⇒ **Unternehmens- und Vermögenseinkommen:** 583,21 Mrd. € (J09).

Daraus lassen sich folgende Kennzahlen ermitteln:

⇒ **Lohnquote** = (Arbeitnehmerentgelt : Volkseinkommen) · 100 % = (1.223,34 Mrd. € : 1.806,55 Mrd. €) · 100 % = 67,72 %

→ 67,72 % des Volkseinkommens fließt als Einkommen aus unselbstständiger Arbeit den Arbeitnehmern zu.

⇒ **Gewinnquote** = (Unternehmens- und Vermögenseinkommen : Volkseinkommen) · 100 % = (583,21 Mrd. € : 1.806,55 Mrd. €) · 100 % = 32,28 %

→ 32,28 % des Volkseinkommens sind Einkommen aus unternehmerischer Tätigkeit und Vermögenseinkommen.

Lohnquote und Gewinnquote müssen zusammen 100 % ergeben.

⇒ 67,72 % + 32,28 % = 100 %

c) Was machen die Haushalte mit ihrem Einkommen?

Prinzipiell haben die Haushalte zwei Möglichkeiten: Sie können ihr Einkommen

- für den Konsum ausgeben
- oder sparen.

⇒ **Konsumquote** = (private Konsumausgaben : verfügbares Einkommen*) · 100 % = (1.410,81 Mrd. € : 1.524,95 Mrd. €) · 100 % = 92,51 %

→ Die privaten Haushalte geben 92,51 % ihres verfügbaren Einkommens für den Konsum aus.

* verfügbares Einkommen der privaten Haushalte im Jahr 09 = 1.524,95 Mrd. €

Volkseinkommen ist nicht gleich verfügbares Einkommen! Um das verfügbare Einkommen zu ermitteln, müssen noch direkte Steuern (z. B. Einkommensteuer) und Sozialversicherungsbeiträge abgezogen und erhaltene Transferzahlungen (z. B. BAföG, Arbeitslosengeld) hinzuaddiert werden. Das verfügbare Einkommen ist somit das Einkommen, das den Haushalten tatsächlich zur Verfügung steht und über dessen Verwendung sie frei entscheiden können.

⇒ **Sparquote** = (Sparen* : (verfügbares Einkommen + Zunahme betrieblicher Versorgungsansprüche)) · 100 % = (156,17 Mrd. € : 1.569,21 Mrd. €) · 100 % = 9,95 %

→ Die privaten Haushalte legen 9,95 % ihres verfügbaren Einkommens als Ersparnisse zurück.

* Das Sparen der privaten Haushalte im Jahr 09 (einschließlich Zunahme betrieblicher Versorgungsansprüche) = 156,17 Mrd. €

Dass Konsumquote und Sparquote zusammen nicht genau 100 % ergeben, ist darauf zurückzuführen, dass bei der Sparquote im Gegensatz zur Konsumquote in der Bezugsgröße auch die Zunahme betrieblicher Versorgungsansprüche berücksichtigt wird.

D Welche Aussagekraft hat das BIP?

Das BIP ist eine national und international anerkannte Größe für die Beurteilung der wirtschaftlichen Leistung eines Landes.

Allerdings gibt es auch Kritikpunkte, welche die Aussagekraft des BIP einschränken:

- **Unentgeltliche Leistungen** werden im BIP nicht erfasst (Nachbarschaftshilfe, Gefälligkeitsdienste, Hilfeleistungen von Familienangehörigen, Hausarbeit, ehrenamtliche Tätigkeiten, Subsistenzwirtschaft).
- **„Schwarzarbeit"** bzw. „Schattenwirtschaft" ist nicht realistisch im BIP erfassbar (nur durch Schätzungen).
- Die **Umweltzerstörung** und der Verbrauch natürlicher Ressourcen wird im BIP nicht berücksichtigt. Produktion „auf Kosten" der Umwelt wirkt erhöhend auf das BIP.
- **Reparatur- und Wiederaufbauleistungen**, die infolge von Naturkatastrophen (z. B. Erdbeben etc.), Umweltkatastrophen (z. B. „Ölpest"), Terroranschlägen, Unfällen etc. erbracht werden, wirken erhöhend auf das BIP.

So trainiere ich für die Prüfung

Aufgaben

1. Wissensfragen

1.1 Lernfragen

1. Beschreiben Sie kurz, was das Bruttoinlandsprodukt ist.

2. Die Inlandsproduktsberechnung setzt sich aus der Entstehungs-, der Verwendungs- und der Verteilungsrechnung zusammen. Erläutern Sie die grundlegenden Unterschiede.

3. Erklären Sie den Unterschied und den Zusammenhang zwischen dem nominalen und dem realen Bruttoinlandsprodukt.

4. Begründen Sie, warum heute zur Beurteilung der konjunkturellen Entwicklung des Produktionsstandortes Deutschland vor allem das Bruttoinlandsprodukt und nicht das Bruttonationaleinkommen als Kennzahl verwendet wird.

5. Nennen Sie je drei nationale und drei internationale Nutzer der Daten der Volkswirtschaftlichen Gesamtrechnungen.

6. Die Volkswirtschaftlichen Gesamtrechnungen stellen wichtige Daten für verschiedene Bereiche dar. Nennen Sie drei konkrete Beispiele, wofür die Daten verwendet werden.

7. Erklären Sie die Begriffe Bruttowertschöpfung, Bruttoinvestitionen, Außenbeitrag sowie Produktions- und Importabgaben.

8. Das mittels des Bruttoinlandsprodukts gemessene Wirtschaftswachstum eines Landes wird als Indikator für den Wohlstand einer Gesellschaft auch kritisch gesehen. Führen Sie vier Kritikpunkte an.

9. Bei der Berechnung des Bruttoinlandsprodukts werden vom Bruttoproduktionswert die Vorleistungen abgezogen. Erläutern Sie, warum dieser Abzug notwendig ist.

1.2 Mehrfachauswahl

1. Geben Sie an, wodurch sich Bruttoinlandsprodukt zu Marktpreisen und Nettoinlandsprodukt zu Marktpreisen unterscheiden.

   a) Produktions- und Importabgaben an den Staat abzüglich Subventionen vom Staat
   b) Abschreibungen
   c) Gütersteuern
   d) Gütersteuern abzüglich Gütersubventionen
   e) Saldo der Primäreinkommen aus der übrigen Welt

2. Prüfen Sie, welche der folgenden Aussagen zum Bruttoinlandsprodukt (BIP) der Bundesrepublik Deutschland zutreffend sind.

a) Schattenwirtschaftliche Tätigkeiten werden über geeignete Schätzungen in das BIP einbezogen.
b) Bei der Ermittlung des realen BIP werden die tatsächlich erzielten Marktpreise als Bezugsgröße des jeweiligen Jahres zugrunde gelegt.
c) Das BIP unterscheidet sich in seiner Höhe vom Bruttonationaleinkommen durch den Saldo der Primäreinkommen aus der übrigen Welt.
d) Den Unterschied zwischen nominalem und realem BIP bestimmt der Saldo der Primäreinkommen aus der übrigen Welt.
e) Im BIP sind Leistungen des Staates nicht enthalten.
f) Das BIP erfasst die wirtschaftlichen Leistungen aller Inländer, unabhängig davon, ob sie im Inland oder Ausland erbracht werden.

3. In der Volkswirtschaftlichen Gesamtrechnung (hier Verteilungsrechnung) gibt es Berechnungen mit den folgenden Positionen:

a) - Abschreibungen
b) + Saldo der Primäreinkommen aus der übrigen Welt
c) - Nettoproduktionsabgaben
d) Nettonationaleinkommen
e) Volkseinkommen
f) Bruttonationaleinkommen

Bringen Sie die oben genannten Positionen – ausgehend vom Bruttoinlandsprodukt – durch das Eintragen der Ziffern 1 bis 6 in die Kästchen in die richtige Reihenfolge.

a	b	c	d	e	f

4. Welche Aussage zum nominalen bzw. realen Bruttoinlandsprodukt ist richtig?

a) Das reale Bruttoinlandsprodukt zeigt die Entwicklung der Güter und Dienstleistungen berechnet zu Marktpreisen des Vorjahres.
b) Das nominale Inlandsprodukt wird mit konstanten Preisen eines Basisjahres berechnet.
c) Das reale Bruttoinlandsprodukt ist identisch mit dem preisbereinigten Volkseinkommen.
d) Das nominale Inlandsprodukt zeigt die Wirtschaftsentwicklung unter Ausschaltung der Preissteigerungen.
e) Das reale Bruttoinlandsprodukt wird mit konstanten Preisen eines Basisjahres berechnet, die um einen festgelegten Prozentsatz steigen.

5. Für die Bundesrepublik Deutschland ergaben sich für die Jahre J04 und J05 folgende Zahlen:

Verwendung des Bruttoinlandsprodukts:

In jeweiligen Preisen (Mrd. EUR)		**J04**	**J05**
Private Konsumausgaben		1.592,2	1.632,7
Bruttoinlandsprodukt		2.915,7	3.026,6
Preisbereinigt (Jahr J01 = 100)		**J04**	**J05**
	Private Konsumausgaben	103,9	105,9
	Bruttoinlandsprodukt	106,1	107,9

Welche der folgenden Aussagen beschreiben den Sachverhalt der o. a. Daten zutreffend?

a) Das Bruttoinlandsprodukt ist im Jahr J05 gegenüber dem Vorjahr real um 110,9 Mrd. € gestiegen.
b) In den Jahren J04 und J05 wurde der größte prozentuale Anteil des Bruttoinlandsprodukts für den privaten Konsum verwendet.
c) Das Bruttoinlandsprodukt sank im Jahr J05 gegenüber J04 real und nominal.
d) Das Bruttoinlandsprodukt ist im Jahr J05 gegenüber J04 nominal gestiegen. Damit stieg auch der Wohlstand der Bevölkerung um den gleichen Wert.
e) Die Preissteigerungen bei den privaten Konsumausgaben machten von J01 bis J04 insgesamt 3,9 % aus.
f) Die privaten Konsumausgaben waren im Jahr J04 höher als im Jahr J05.

6. Welche der folgenden Tätigkeiten werden durch das BIP nicht erfasst?

a) Tätigkeit eines Vorstandsvorsitzenden einer Aktiengesellschaft
b) Tätigkeit eines Lehrers an einer staatlichen Schule
c) Reparatur eines Unfallschadens durch einen Kfz-Mechaniker in einer Kfz-Werkstatt
d) ehrenamtliche Tätigkeit eines Kassierers eines Schützenvereins
e) Tätigkeit eines ausländischen Gastarbeiters, der bei einem inländischen Automobilhersteller angestellt ist
f) Tätigkeit eines inländischen Pendlers, der bei einem Industrieunternehmen im benachbarten Ausland angestellt ist

2. Rechenaufgaben

1. Die Verwendung des Bruttoinlandsprodukts zeigt unter anderem, von welchen Wirtschaftsbereichen die produzierten Güter und Dienstleistungen verbraucht werden.

Ermitteln Sie anhand der folgenden Daten

a) die Wachstumsrate des Bruttoinlandsprodukts im Jahre J05 gegenüber dem Vorjahr (Ergebnis auf zwei Stellen nach dem Komma runden).
b) den Außenbeitrag für das Jahr J05 in Mrd. €.

Wichtige gesamtwirtschaftliche Größen (Auszug)
in jeweiligen Preisen (Mrd. €)

	J04	**J05**
1. Private Konsumausgaben	1.592,2	1.632,7
2. Konsumausgaben des Staates	564,0	589,2
3. Ausrüstungen	189,8	197,3
4. Bauten	291,8	297,2
5. Sonstige Anlagen	103,5	108,5
6. Vorratsveränderungen	- 22,0	- 35,2
Inländische Verwendung	2.719,3	2.789,7
Bruttoinlandsprodukt	2.915,7	3.026,6

2. Für Deutschland wurden die volkswirtschaftlichen Größen in der folgenden Abbildung ermittelt:

Gesamtwirtschaftliche Größen	**J03**	**J04**	**J05**
		in Mrd. €	
Bruttowertschöpfung nach Wirtschaftsbereichen:			
1) Land- und Forstwirtschaft; Fischerei	20,04	17,90	15,19
2) Produzierendes Gewerbe (ohne Baugewerbe)	655,53	674,8	702,12
3) Baugewerbe	113,33	120,74	127,50
4) Handel, Gastgewerbe und Verkehr	396,25	407,16	421,92
5) Information und Kommunikation	122,89	127,48	133,36
6) Öffentliche Dienstleister, Erziehung, Gesundheit	460,64	478,39	497,45
Private Konsumausgaben	1.562,7	1.592,2	1.632,7
Konsumausgaben Staat	541,9	564,0	589,2
Bruttoinvestitionen	546,8	563,1	567,8
(einschließlich Vorratsveränderungen)			
Exporte (Waren und Dienstleistungen)	1.283,1	1.333,2	1.419,0
Importe (Waren und Dienstleistungen)	1.113,7	1.136,8	1.182,0
Arbeitnehmerentgelt	1.430,8	1.485,3	1.542,8
Unternehmens- und Vermögenseinkommen	665,8	690,9	722,3

Berechnen Sie aufgrund dieser Größen für das Jahr 2005

a) den Außenbeitrag.
b) das Bruttoinlandsprodukt (BIP).
c) das Volkseinkommen.
d) die Lohnquote.

3. Ihnen liegen folgende Daten für eine Volkswirtschaft vor:

BIP in jeweiligen Preisen	
Jahr 01	Jahr 02
1.800 Mrd. GE	1.860 Mrd. GE

Preissteigerungsrate gegenüber Vorjahr	
Jahr 01	Jahr 02
1,2 %	2,4 %

Berechnen Sie die reale Veränderungsrate des BIP im Jahr 02 gegenüber dem Jahr 01. (Rundung auf zwei Nachkommastellen)

3. Fallsituationen

3.1 Fall 1

Die Deutsche Bundesbank veröffentlicht in ihrem Monatsbericht zur Konjunkturlage in Deutschland die Daten zur Entstehung und Verwendung des Inlandsprodukts sowie zur Verteilung des Volkseinkommens.

Ermitteln Sie mithilfe des Auszugs aus dem Monatsbericht Januar 2022 der Deutschen Bundesbank auf der folgenden Seite

a) die prozentuale Veränderung des nominalen Bruttoinlandsprodukts von 2020 auf 2021.

b) die Veränderung des realen Bruttoinlandsprodukts in Prozent im Jahr 2019 gegenüber 2018.

c) wie viel Prozentpunkte des Wachstums des nominalen Bruttoinlandsprodukts im Jahr 2020 auf Preissteigerungen zurückzuführen sind.

d) die Höhe der Gewinnquote im Jahr 2020.

e) die Höhe der Bruttoinvestitionen im Jahr 2021.

f) die Höhe des nominalen Außenbeitrags in Mrd. € im Jahr 2019.

g) die Höhe des Saldos der Primäreinkommen aus der übrigen Welt im Jahr 2021. Interpretieren Sie Ihr Ergebnis.

h) Nehmen Sie Stellung zu der Aussage: „Die Verteilung des Volkseinkommens ist aus Sicht der Arbeitnehmer in den letzten drei Berichtsjahren deutlich ungerechter geworden." Belegen Sie Ihre Aussage mit Daten aus der Statistik.

Deutsche Bundesbank, Monatsbericht Januar 2022, Konjunkturlage in Deutschland
1. Entstehung und Verwendung des Inlandsprodukts, Verteilung des Volkseinkommens

Position	2019	2020	2021	2019	2020	2021	2020				2021		
							1. VJ.	2. VJ.	3. VJ.	4. VJ.	1. VJ.	2. VJ.	3. VJ.
	Index 2015 = 100			Veränderung gegen Vorjahr in %									
Preisbereinigt, verkettet													
I. Entstehung des Inlandsprodukts													
Produzierendes Gewerbe (ohne Baugewerbe)	108,0	98,0	101,7	- 1,6	- 9,3	3,8	- 5,1	- 21,3	- 9,5	- 1,4	- 2,1	19,9	1,9
Baugewerbe	104,2	108,2	107,7	0,4	3,8	- 0,4	6,0	1,9	- 1,8	9,0	- 4,5	3,1	3,5
Handel, Verkehr, Gastgewerbe	109,1	103,5	106,6	3,3	- 5,2	3,0	0,3	- 14,9	- 2,7	- 2,9	- 7,7	12,4	2,8
Information und Kommunikation	120,7	119,5	123,5	3,8	- 1,0	3,3	0,6	- 4,4	- 1,1	0,5	0,4	6,6	2,6
Erbringung von Finanz- und Versicherungsdienstleistungen	95,3	95,8	95,4	1,3	0,5	- 0,4	0,4	0,8	1,3	- 0,4	- 0,8	- 0,5	0,9
Grundstücks- und Wohnungswesen	102,7	102,3	103,3	0,9	- 0,4	1,0	0,0	- 1,6	0,2	- 0,4	- 0,0	1,8	0,3
Unternehmensdienstleister[1)]	110,7	102,5	108,1	0,1	- 7,4	5,4	- 1,4	- 13,4	- 8,2	- 6,9	- 6,7	9,8	6,1
Öffentliche Dienstleister, Erziehung und Gesundheit	107,0	103,5	106,9	1,8	- 3,2	3,2	- 0,5	- 8,9	0,0	- 3,8	- 3,2	10,3	2,9
Sonstige Dienstleister	103,3	92,5	93,1	1,9	- 10,5	0,6	- 2,7	- 19,7	- 3,9	- 16,0	- 10,5	8,1	1,8
Bruttowertschöpfung	107,3	102,1	105,0	1,0	- 4,9	2,9	- 1,3	- 11,9	- 3,9	- 2,4	- 3,8	10,5	2,6
Bruttoinlandsprodukt[2)]	107,2	102,3	105,1	1,1	- 4,6	2,7	- 1,5	- 11,3	- 3,6	- 1,9	- 3,2	10,4	2,5
II. Verwendung des Inlandsprodukts													
Private Konsumausgaben[3)]	107,0	100,8	100,8	1,6	- 5,9	0,0	- 1,1	- 13,2	- 3,4	- 5,7	- 9,2	6,5	1,6
Konsumausgaben des Staates	110,0	113,9	117,7	3,0	3,5	3,4	2,5	3,5	4,0	4,2	2,4	6,0	2,2
Ausrüstungen	113,1	100,5	103,7	1,0	- 11,2	3,2	- 9,4	- 23,6	- 9,5	- 2,9	0,6	20,7	- 1,9
Bauten	108,7	111,4	112,0	1,1	2,5	0,5	5,4	0,7	- 0,6	5,1	- 1,8	4,7	2,0
Sonstige Anlagen[4)]	119,9	121,1	121,9	5,5	1,0	0,7	3,8	- 1,3	0,3	1,3	- 2,1	2,6	0,8
Vorratsveränderungen[5) 6)]	-	-	-	- 0,1	- 0,9	0,7	- 0,3	- 0,2	- 1,9	- 1,3	0,3	0,4	2,0
Inländische Verwendung	109,5	105,2	107,2	1,8	- 4,0	1,9	- 0,3	- 8,5	- 3,7	- 3,3	- 4,4	7,4	3,7
Außenbeitrag[6)]	-	-	-	- 0,7	- 0,8	0,9	- 1,2	- 3,3	- 0,1	1,2	0,9	3,3	- 0,9
Exporte	111,2	100,8	110,3	1,1	- 9,3	9,4	- 3,1	- 22,1	- 9,1	- 3,1	- 0,5	26,4	5,5
Importe	117,5	107,4	116,6	2,9	- 8,6	8,6	- 0,6	- 17,3	- 10,1	- 6,4	- 2,9	20,1	8,9
Bruttoinlandsprodukt[2)]	107,2	102,3	105,1	1,1	- 4,6	2,7	- 1,5	- 11,3	- 3,6	- 1,9	- 3,2	10,4	2,5
In jeweiligen Preisen (Mrd. €)													
III. Verwendung des Inlandsprodukts													
Private Konsumausgaben[3)]	1802,9	1708,0	1760,6	2,9	- 5,3	3,1	0,5	- 12,1	- 3,7	- 5,6	- 7,5	8,3	5,5
Konsumausgaben des Staates	705,2	754,6	804,3	5,2	7,0	6,6	5,4	7,6	7,3	7,7	6,6	7,1	7,1
Ausrüstungen	241,1	216,9	227,7	2,4	- 10,0	5,0	- 8,5	- 22,5	- 8,3	- 1,9	2,0	22,5	- 0,1
Bauten	364,1	380,1	413,8	5,4	4,4	8,9	9,0	3,7	0,0	5,7	0,0	9,8	14,3
Sonstige Anlagen[4)]	137,0	138,9	141,5	6,9	1,4	1,8	4,3	- 1,0	0,6	1,7	- 1,0	3,8	2,0
Vorratsveränderungen[5)]	26,8	- 23,7	11,8	-	-	-	-	-	-	-	-	-	-
Inländische Verwendung	3277,1	3174,8	3359,6	3,7	-3,1	5,8	1,6	- 7,7	- 3,4	- 3,0	- 2,8	9,8	9,2
Außenbeitrag	196,2	192,8	204,3	-	-	-	-	-	-	-	-	-	-
Exporte	1619,4	1462,1	1685,4	1,7	- 9,7	15,3	- 2,8	- 22,5	- 9,9	- 3,8	0,5	31,6	13,1
Importe	1423,2	1269,3	1481,2	2,7	- 10,8	16,7	- 1,6	- 21,0	- 12,5	- 8,1	- 2,3	29,4	19,5
Bruttoinlandsprodukt[2)]	3473,4	3367,6	3563,9	3,1	- 3,0	5,8	0,8	- 9,2	- 2,7	- 1,3	- 1,5	11,5	7,1
IV. Preise (2015 = 100)													
Privater Konsum	105,1	105,8	109,0	1,3	0,6	3,0	1,6	1,3	- 0,3	0,1	1,9	1,7	3,8
Bruttoinlandsprodukt	107,0	108,8	112,1	2,1	1,6	3,1	2,4	2,4	1,0	0,6	1,8	1,0	4,5
Terms of Trade	100,8	102,9	100,8	0,7	2,0	- 2,0	1,3	4,2	1,8	1,2	0,5	- 3,4	- 2,3
V. Verteilung des Volkseinkommens													
Arbeitnehmerentgelt	1855,5	1852,1	1915,2	4,6	- 0,2	3,4	2,9	- 3,2	- 0,7	0,4	- 0,4	5,4	4,4
Unternehmens- und Vermögens-einkommen	752,7	676,1	780,2	- 1,5	- 10,2	15,4	- 5,6	- 27,2	- 7,4	- 2,2	1,9	41,5	12,8
Volkseinkommen	2608,2	2528,2	2695,4	2,8	- 3,1	6,6	0,1	- 9,8	- 2,8	- 0,3	0,3	13,3	6,8
Nachr.: Bruttonationaleinkommen	3586,0	3461,3	3669,8	3,2	- 3,5	6,0	0,3	- 9,2	- 3,4	- 1,7	- 1,3	11,5	7,6

Quelle: Statistisches Bundesamt; Rechenstand: November 2021. Erste Jahresergebnisse für 2021: Rechenstand Januar 2022. **1** Erbringung von freiberuflichen, wissenschaftlichen, technischen und sonstigen wirtschaftlichen Dienstleistungen. **2** Bruttowertschöpfung zuzüglich Gütersteuern (saldiert mit Gütersubventionen). **3** Einschl. Private Organisationen ohne Erwerbszweck. **4** Geistiges Eigentum (u. a. EDV-Software, Urheberrechte) sowie Nutztiere und -pflanzen. **5** Einschl. Nettozugang an Wertsachen. **6** Wachstumsbeitrag zum BIP.

3.2 Fall 2

Die folgenden Aufgaben beziehen sich auf das unten abgebildete Schaubild.

a) Im oberen Teil des Schaubildes wird zwischen realem und nominalem BIP unterschieden. Erklären Sie den Unterschied und begründen Sie, welche der beiden Größen zur Messung des Wirtschaftswachstums sinnvoll ist.

b) Erklären Sie, was man unter der Lohnquote versteht und geben Sie deren Höhe für das Jahr 2020 an.

c) Begründen Sie, ob die Lohnquote den kompletten Anteil der Einkünfte der Arbeitnehmer am Volkseinkommen widerspiegelt.

d) Betrachten Sie die einzelnen Wirtschaftssektoren und leiten Sie eine Erkenntnis über die Bedeutung des tertiären Sektors unserer Volkswirtschaft aus der Entstehungsrechnung ab.

e) Nehmen Sie kritisch Stellung zu der Aussage: *„Die Tatsache, dass das BIP im dargestellten Berichtszeitraum kontinuierlich gestiegen ist, zeigt, dass sich der Wohlstand unserer Gesellschaft in dieser Zeit auch in gleichem Maße verbessert hat."*

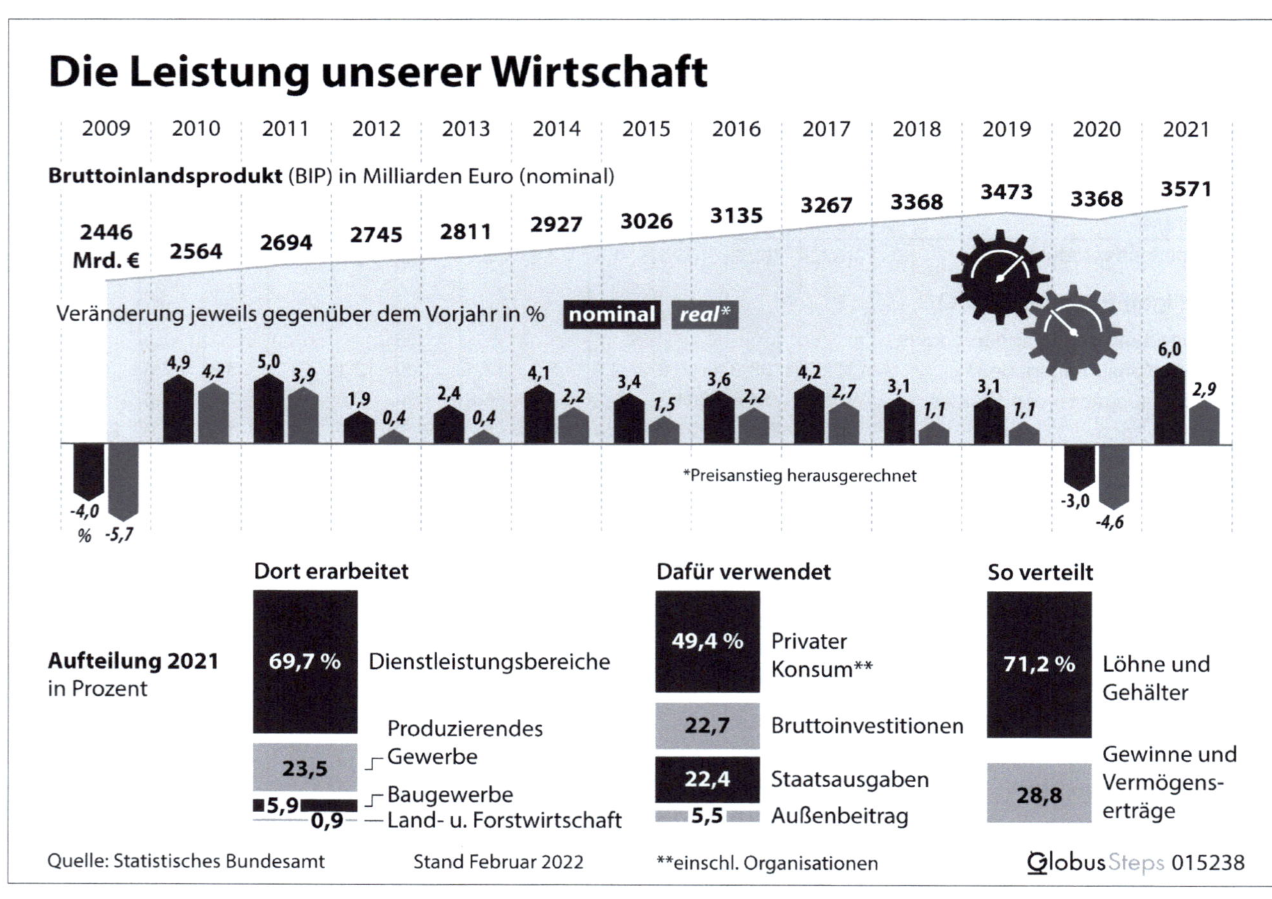

Lösungen

1. Wissensfragen

1.1 Lernfragen

1. Es ist ein Maß für die wirtschaftliche Leistung einer Volkswirtschaft in einem bestimmten Zeitraum und misst den Wert aller im Inland produzierten Waren und Dienstleistungen abzüglich der Vorleistungen.

2. Bei der Entstehungsrechnung (Produktionsansatz) wird das BIP ermittelt, indem die Bruttowertschöpfung aller Produzenten als Differenz zwischen dem Wert aller produzierten Waren und Dienstleistungen (Bruttoproduktionswert) und dem Vorleistungsverbrauch berechnet wird und dann die Gütersteuern (wie Tabak-, Energie- oder nicht abziehbare Umsatzsteuer) hinzugefügt und die Gütersubventionen abgezogen werden.

Bei der Verwendungsrechnung (Ausgabenansatz) werden die Ausgaben für die Endverwendung von Waren und Dienstleistungen ermittelt. Das BIP ergibt sich dabei als Summe von privaten und staatlichen Konsumausgaben, Bruttoinvestitionen und Außenbeitrag (= Exporte abzüglich Importe von Waren und Dienstleistungen).

Bei der Verteilungsrechnung ist das Volkseinkommen (Summe der Einkommen aus unselbstständiger Arbeit und Einkommen aus Unternehmertätigkeit sowie Vermögen) die zentrale Größe. Es ergibt sich, indem man zum BIP den Saldo der Primäreinkommen aus der übrigen Welt hinzuaddiert und die Abschreibungen sowie die Produktions- und Importabgaben an den Staat abzüglich der Subventionen vom Staat abzieht.

3. Nominales Bruttoinlandsprodukt: Ergebnisse werden in den tatsächlichen Preisen des jeweiligen Berichtsjahres berechnet („in jeweiligen Preisen"). Es wird **nicht** die tatsächliche Wirtschaftsleistung wiedergegeben.

Reales Bruttoinlandsprodukt: Ergebnisse werden in Preisen des jeweiligen Vorjahres (bzw. zu konstanten Preisen eines Basisjahres) berechnet (Deflationierung mit jährlich wechselnden Vorjahrespreisen und Verkettung), sodass es um Preiseffekte bereinigt ist („preisbereinigt"). Die verzerrende Wirkung von Preisänderungen auf das BIP wird ausgeschaltet.

Prozentuale Veränderung des realen BIP = prozentuale Veränderung des nominalen BIP - Preissteigerungsrate

4. Das Bruttoinlandsprodukt ist ein Produktionsindikator (Wert der im Inland hergestellten Leistungen in einer bestimmten Periode), während das Bruttonationaleinkommen in erster Linie ein Einkommensindikator ist.

5. Nationale Nutzer: z. B. Bundesregierung (v. a. Wirtschafts- und Finanzministerium), Deutsche Bundesbank, Wirtschaftsforschungsinstitute
Internationale Nutzer: z. B. Statistisches Amt der Europäischen Gemeinschaft (Eurostat), Europäische Zentralbank (EZB), Internationaler Währungsfonds (IWF)

6. • Bundesregierung, Wirtschaftsforschungsinstitute und Sachverständigenrat nutzen die Daten zur Erstellung von Wachstumsprognosen und Steuerschätzungen
- BIP-Daten sind Grundlage für Rentenanpassungen
- BIP ist Grundlage für die Überwachung und Steuerung der europäischen Währungspolitik (Konvergenzkriterium der Europäischen Währungsunion).

7. • Bruttowertschöpfung: Erfasst als Differenz zwischen Produktionswerten (Wert der Verkäufe von Waren und Dienstleistungen aus eigener Produktion) und Vorleistungen (Wert der Waren und Dienstleistungen, die bezogen wurden) für die einzelnen Wirtschaftsbereiche nur den im Produktionsprozess geschaffenen Mehrwert
- Bruttoinvestitionen: Summe aus Ausrüstungen (Maschinen, Geräte, Fahrzeuge), Bauten (Wohnbauten, Nichtwohnbauten) und sonstigen Anlagen (größtenteils bestehend aus Computersoftware und Urheberrechten) und Vorratsveränderungen (Differenz zwischen Lageranfangs- und -endbeständen)
- Außenbeitrag: Saldo zwischen Exporten und Importen von Waren und Dienstleistungen
- Produktions- und Importabgaben: Gütersteuern (Umsatzsteuer, Versicherungsteuer, Tabak-, Energiesteuer, Importabgaben usw.) sowie sonstige Produktionsabgaben (Grundsteuer, Kfz-Steuer usw.).

8. Z. B.
- Die negativen Effekte von Naturkatastrophen und Umweltbelastungen werden nicht erfasst.
- Die Beseitigung bzw. die Minderung von Umweltschäden oder Naturkatastrophen wirkt wachstumserhöhend, obwohl nur maximal der ursprüngliche Zustand erreicht werden kann.
- Unentgeltliche Tätigkeiten (z. B. ehrenamtliche Tätigkeiten) wirken nicht leistungserhöhend bei der Berechnung des Bruttoinlandsprodukts, obwohl dadurch der Wohlstand gesteigert wird.
- „Schwarzarbeit" ist im BIP nicht realistisch erfassbar (nur durch Schätzungen als schattenwirtschaftliche Aktivitäten).

9. In das BIP werden nur Endprodukte einbezogen. Um die doppelte Erfassung von Produktionswerten zu vermeiden, wird auf jeder Produktionsstufe nur die tatsächliche Wertschöpfung berücksichtigt. Das ist der Wert, der von einer Wirtschaftseinheit zu den Vorleistungen durch Weiterverarbeitung hinzugefügt wird.

1.2 Mehrfachauswahl

1. b

Bruttoinlandsprodukt zu Marktpreisen - Abschreibungen = Nettoinlandsprodukt zu Marktpreisen

2. a, c

a) Schattenwirtschaftliche Tätigkeiten müssen statistisch über Schätzungen erfasst werden.
c) BIP + Saldo der Primäreinkommen aus der übrigen Welt = Bruttonationaleinkommen

3. 3, 1, 5, 4, 6, 2

4. a

real = preisbereinigt, nominal = in den Preisen des jeweiligen Berichtsjahres

5. b, e

b) In beiden Jahren macht der private Konsum über die Hälfte des BIP aus.
e) Index 103,9 = + 3,9 % gegenüber J01

6. d, f

d) Hier handelt es sich um eine unentgeltliche Leistung.
f) Leistungen, die im Ausland erbracht werden, sind im BIP nicht enthalten. Sie werden nur im Bruttonationaleinkommen erfasst.

2. Rechenaufgaben

1.

a) (3.026,6 Mrd. € : 2.915,7 Mrd. €) · 100 % = 103,80 %
Wachstumsrate des BIP = **3,80 %**

b) **236,9 Mrd. €** (3.026,6 Mrd. € - 2.789,7 Mrd. €), da in der Verwendungsrechnung privater und staatlicher Konsum sowie Bruttoinvestitionen und der Außenbeitrag zusammen das BIP ergeben (Inländische Verwendung + Außenbeitrag = BIP).

2.

a) **237,0 Mrd. €**
Differenz zwischen Exporten und Importen

b) **3.026,7 Mrd. €**
Berechnung über die Verwendungsrechnung als Summe aus privaten Konsumausgaben, staatlichen Konsumausgaben, Bruttoinvestitionen und Außenbeitrag (Exporte - Importe)

c) **2.265,1 Mrd. €**
Arbeitnehmerentgelt (1.542,8 Mrd. €) + Unternehmens- und Vermögenseinkommen (722,3 Mrd. €)

d) (1.542,8 Mrd. € : 2.265,1 Mrd. €) · 100 % = **68,11 %**

3.

Zuerst muss die Preissteigerungsrate aus dem BIP des Jahres 02 herausgerechnet werden:

1.860 Mrd. GE = 102,4 %
X = 100,0 %
X = (1.860 Mrd. GE : 102,4) · 100 = 1.816,41 Mrd. GE

Das BIP des Jahres 02 beträgt in Preisen des Jahres 01 1.816,41 Mrd. GE.

Anschließend wird die reale Veränderungsrate des BIP gegenüber dem Jahr 01 ermittelt:
(1.816,41 Mrd. GE : 1.800 Mrd. GE) · 100 = **100,91**

Die reale Veränderungsrate beträgt somit 0,91 %.

3. Fallsituationen

3.1 Fall 1

A

a) **+ 5,8 %**
abzulesen in Spalte 2021, Veränderung gegenüber Vorjahr, in jeweiligen Preisen

A

b) **+ 1,1 %**
abzulesen in Spalte 2019, Veränderung gegenüber Vorjahr, preisbereinigt

A

c) **1,6 %-Punkte**
prozentuale Veränderung des realen BIP: - 4,6 %
prozentuale Veränderung des nominalen BIP: - 3,0 %
- 3,0 - (- 4,6 %) = 1,6 %-Punkte

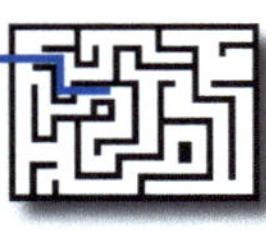

C

d) **26,74 %**
(676,1 : 2.528,2) · 100 %

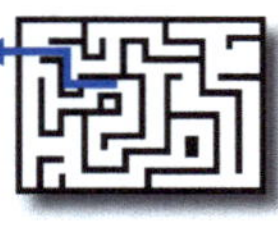

A

e) **749,8 Mrd. €**
Ausrüstungen + Bauten + Sonstige Anlagen + Vorratsveränderungen
227,7 + 413,8 + 141,5 + 11,8

A

f) **196,2 Mrd. €**
abzulesen in Spalte 2019, in jeweiligen Preisen, Außenbeitrag

B, C

g) **105,9 Mrd. € = 3.669,8 Mrd. € - 3.563,9 Mrd. €**
Bruttoinlandsprodukt zu Marktpreisen + Saldo der Primäreinkommen aus der übrigen Welt = Bruttonationaleinkommen
Interpretation: Der Einkommenszufluss aus der übrigen Welt („Ausland“) war wertmäßig höher als der Einkommensabfluss in die übrige Welt („Ausland“).

h) Die Aussage ist nicht richtig. Die Lohnquote war im Zeitraum 2019 bis 2021 konstant bei 71,14 % im Jahr 2019, 73,26 % im Jahr 2020 und 71,05 % im Jahr 2021. Der Anteil der Arbeitnehmerentgelte ist also in den letzten drei Berichtsjahren relativ unverändert geblieben.

C

Berechnung: Lohnquote für 2021 = (1.915,2 Mrd. € / 2.695,4 Mrd. €) · 100 = 71,05 %.

Analog ist für die Jahre 2019 und 2020 zu verfahren.

3.2 Fall 2

a) Das nominale BIP stellt den Wert der Güter zu jeweiligen Preisen des Berichtsjahres dar. In diesem BIP sind also auch Preissteigerungen enthalten. Das reale BIP stellt den Wert der Güter im Berichtsjahr bewertet zu Preisen eines Basisjahres dar. Dieses BIP ist inflationsbereinigt. Zur Messung des Wirtschaftswachstums muss mit dem realen BIP gearbeitet werden, da nur die Mengenzunahme an Waren und Dienstleistungen ein wirkliches Wachstum angibt. Preissteigerungen müssen herausgerechnet werden.

C

b) Die Lohnquote ist der Anteil der Arbeitnehmerentgelte am Volkseinkommen; sie betrug im Jahr 2020 73,9 %.

C

c) Da in der Gewinnquote (26,1 %) auch Einkommensanteile (Vermögenseinkommen) enthalten sind, die den Arbeitnehmern zufließen (z. B. Zinsen, Dividenden, Mieterträge), gibt die Lohnquote nicht das komplette Arbeitnehmereinkommen wider.

C

d) Der tertiäre Sektor (Finanzierung, Vermietung, Unternehmensdienstleister, öffentliche und private Dienstleister, Handel, Gastgewerbe, Verkehr) machte im Jahr 2020 über zwei Drittel (= 70,3 %) des gesamten BIP aus und ist somit derjenige mit der größten Bedeutung für unsere Volkswirtschaft. Der primäre Sektor (Urerzeugung) hat mit 0,7 % die geringste Bedeutung, während der sekundäre Sektor (Weiterverarbeitung) mit 29 % (produzierendes Gewerbe und Baugewerbe) in den letzten Jahrzehnten ebenfalls an Bedeutung verloren hat.

C

e) Zwar ist das BIP im Berichtszeitraum (mit Ausnahme der Jahre 2009 und 2020) real von Jahr zu Jahr gestiegen. Allerdings ist nicht berücksichtigt, dass z. B. der Wohlstand der Gesellschaft durch Umweltschäden oder die Verknappung natürlicher Ressourcen beeinträchtigt wird. Diese Faktoren werden im BIP jedoch nicht erfasst.
Ebenfalls unberücksichtigt bleibt die Verteilung zwischen den Gesellschaftsschichten und die zunehmende Kluft zwischen Arm und Reich.

D

II. Wirtschaftspolitische Ziele und Steuerungsmöglichkeiten

1. Wirtschaftspolitische Ziele

Was muss ich für die Prüfung wissen?

1.1 Stabilitäts- und Wachstumsgesetz

Die gesamtwirtschaftlichen Ziele, welche die Wirtschaftspolitik der Bundesrepublik Deutschland anstreben soll, sind im **Gesetz zur Förderung der Stabilität und des Wachstums der Wirtschaft (StabG)**, dem sogenannten „Stabilitätsgesetz" aus dem Jahr 1967, verankert.

Auszug aus dem StabG:

„Bund und Länder haben bei ihren wirtschafts- und finanzpolitischen Maßnahmen die Erfordernisse des gesamtwirtschaftlichen Gleichgewichts zu beachten. Die Maßnahmen sind so zu treffen, daß sie im Rahmen der marktwirtschaftlichen Ordnung gleichzeitig zur Stabilität des Preisniveaus, zu einem hohen Beschäftigungsstand und außenwirtschaftlichem Gleichgewicht bei stetigem und angemessenem Wirtschaftswachstum beitragen." (§ 1 StabG)

1.2 Magisches Viereck

Die wirtschafts- und finanzpolitischen Maßnahmen des Staates müssen also gemäß dem StabG die Erfordernisse des gesamtwirtschaftlichen Gleichgewichts beachten.

Das **gesamtwirtschaftliche Gleichgewicht** gilt als gegeben, wenn diese vier Ziele erreicht werden:

- **stetiges und angemessenes Wirtschaftswachstum**
- **Stabilität des Preisniveaus**
- **hoher Beschäftigungsstand**
- **außenwirtschaftliches Gleichgewicht.**

Diese vier Ziele bilden das sogenannte „Magische Viereck" der Wirtschaftspolitik. „Magisch" deshalb, weil eine gleichzeitige und vollkommene Erreichung aller vier Ziele äußerst unwahrscheinlich ist.

Das Magische Viereck der Wirtschaftspolitik

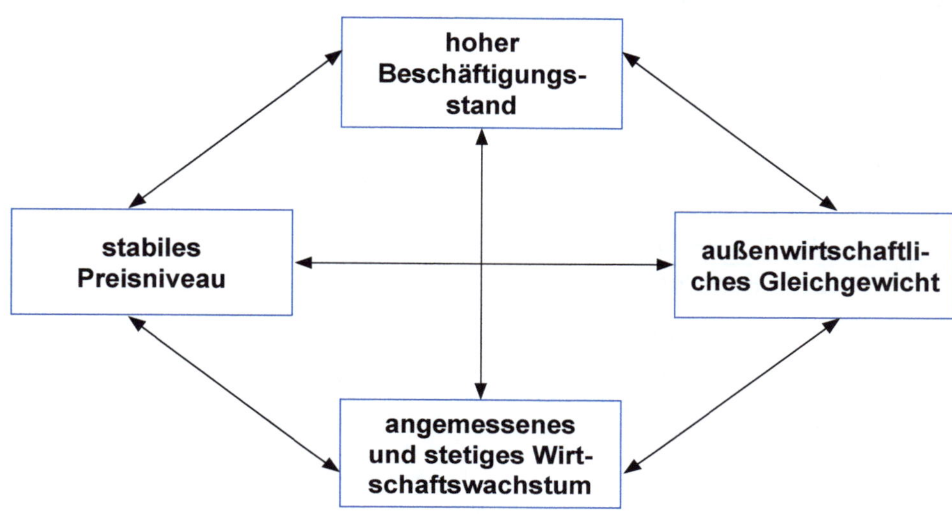

Zwischen den einzelnen Zielen besteht eine Wechselwirkung:

- **Zielharmonie:** Bestimmte Ziele ergänzen sich gegenseitig. Die Steigerung des Wirtschaftswachstums wirkt in der Regel auch positiv auf die Beschäftigung, da Arbeitsplätze geschaffen bzw. gesichert werden.
- **Zielkonflikte:** Ein großer Zielkonflikt besteht vor allem zwischen dem Wachstumsziel und der Preisniveaustabilität sowie zwischen dem hohen Beschäftigungsstand und der Preisniveaustabilität.
- Eine **Zielindifferenz** liegt dann vor, wenn sich zwei Ziele gegenseitig nicht beeinflussen.

Bei den Zielen des „Magischen Vierecks" handelt es sich um **quantitative Ziele**, d. h. zahlenmäßig messbare wirtschaftliche Ziele.

1.3 Indikatoren

Für jedes der vier Ziele des „Magischen Vierecks" existieren Indikatoren, mithilfe derer man die Zielerreichung messen kann.

Ziel	Indikator
Stetiges und angemessenes Wirtschaftswachstum	BIP (reale Veränderungsrate des BIP)
Stabilität des Preisniveaus	Preissteigerungsrate (Verbraucherpreisindex)
hoher Beschäftigungsstand	Arbeitslosenquote
außenwirtschaftliches Gleichgewicht	Außenbeitrag (oder Außenbeitragsquote)

Ab welchem Wert man jeweils von einer Zielerreichung ausgehen kann, ist im StabG nicht festgelegt.

Es gibt jedoch, je nach Ziel und Indikator, bestimmte Anhaltspunkte, die für die Beurteilung der Zielerreichung herangezogen werden können:

a) Stetiges und angemessenes Wirtschaftswachstum

Dieses Ziel misst man an der **realen Veränderungsrate des BIP**. „Stetig" bedeutet konstant; es soll also keine großen Schwankungen des BIP geben. Angemessen heißt, dass das Wirtschaftswachstum in Abhängigkeit von der konjunkturellen und weltwirtschaftlichen Lage zu beurteilen ist. Bei einer Weltwirtschaftskrise sind evtl. schon sehr geringe Wachstumsraten des BIP als angemessener Erfolg zu betrachten (siehe hierzu auch Kapitel II.2).

b) Hoher Beschäftigungsstand

Die **Arbeitslosenquote** setzt die registrierten Arbeitslosen ins Verhältnis zu den zivilen Erwerbspersonen.

$$\text{Arbeitslosenquote} = \frac{\text{registrierte Arbeitslose}}{\text{zivile Erwerbspersonen}} \cdot 100\ \%$$

$$= \frac{\text{registrierte Arbeitslose}}{\text{zivile Erwerbstätige}^{*} + \text{registrierte Arbeitslose}} \cdot 100\ \%$$

* Zivile Erwerbspersonen umfassen neben den abhängig Beschäftigten auch Selbstständige und mithelfende Familienangehörige.

Bei einer Arbeitslosenquote von unter 4 % spricht man in Deutschland von **„Vollbeschäftigung"**.

Eine Arbeitslosenquote von weniger als 4 % ist in der Realität kaum zu erreichen, da es einen Grundbestand an Arbeitslosen gibt, die auch in wirtschaftlich guten Zeiten mit hohem Arbeitskräftebedarf nur schwer bzw. gar nicht zu vermitteln sind („Sockelarbeitslosigkeit"), da ihnen z. B. die notwendigen Qualifikationen fehlen.

Sockelarbeitslosigkeit ist der Anteil an Arbeitslosigkeit, der selbst dann bestehen bleibt, wenn die Kapazitäten voll ausgelastet sind.

Saisonale Arbeitslosigkeit: Ferner sind bei der Arbeitslosenquote jahreszeitliche Schwankungen zu berücksichtigen. In den Wintermonaten ist die Arbeitslosigkeit in der Regel höher als in den übrigen Monaten.

c) Preisniveaustabilität

Von einem stabilen Preisniveau kann ausgegangen werden, wenn die Preissteigerungsrate („Inflationsrate") gemessen am **Verbraucherpreisindex** knapp unter 2 % beträgt. Darüber hinausgehende Preissteigerungsraten sowie negative Preissteigerungsraten (Deflation) entsprechen nicht dem Ziel eines stabilen Preisniveaus (siehe hierzu auch Kapitel II.4).

d) Außenwirtschaftliches Gleichgewicht

Von allen vier Zielen ist die Erreichung eines außenwirtschaftlichen Gleichgewichts sicherlich am schwierigsten zu beurteilen.

Ein **außenwirtschaftliches Gleichgewicht** liegt im Allgemeinen dann vor, wenn von den volkswirtschaftlichen Beziehungen eines Landes mit dem Ausland keine negativen Wirkungen auf die binnenwirtschaftliche Entwicklung des Landes ausgehen.

Ein außenwirtschaftliches Gleichgewicht bedeutet jedoch nicht, dass der Außenbeitrag neutral (Exporte = Importe) sein muss. Insbesondere ein positiver Außenbeitrag ist nicht zwangsläufig schädlich für eine Volkswirtschaft.

Der Außenbeitrag der Bundesrepublik Deutschland weist beispielsweise traditionell sehr hohe Warenexportüberschüsse auf, von denen die deutsche Wirtschaft mehr profitiert, als dass sie dadurch Schaden erleidet.

Ein **dauerhaftes Leistungsbilanzdefizit** bzw. dauerhaft negativer Außenbeitrag gelten hingegen grundsätzlich als schädliches Ungleichgewicht, da die damit verbundenen Zahlungsverpflichtungen oft zu einer zunehmenden Verschuldung führen.

Ein **dauerhafter Exportüberschuss** kann dann negative Auswirkungen auf die Binnenwirtschaft haben, wenn beispielsweise

- der Export zu einer Verknappung wichtiger Güter im Inland führt
- eine extreme Abhängigkeit der inländischen Wirtschaft von einzelnen Abnehmerländern besteht
- aus dem Ausland Inflation „importiert" wird
- „das Ausland" seine steigenden Schulden gegenüber dem Inland nicht mehr zurückzahlen kann.

Der Außenbeitrag als absolute Zahl ist für die Beurteilung eines außenwirtschaftlichen Gleichgewichts insofern nur bedingt aussagekräftig, da er keine Relation zum Umfang der Binnenwirtschaft herstellt.

Außenbeitragsquote: Die Außenbeitragsquote setzt den Außenbeitrag eines Landes ins Verhältnis zum nominalen BIP. Je höher die Außenbeitragsquote, umso stärker ist die Wirtschaft des Landes vom Export abhängig.

Neben dem Außenbeitrag kann auch der Leistungsbilanzsaldo als Indikator für ein außenwirtschaftliches Gleichgewicht herangezogen werden (siehe Kapitel II.5).

1.4 Weitere Ziele der Wirtschaftspolitik

Neben diesen quantitativen Zielen des StabG sollte eine vernünftige Wirtschaftspolitik jedoch noch weitere Aspekte berücksichtigen. Hierzu zählen insbesondere soziale und ökologische Ziele. Da sich soziale und ökologische Ziele i. d. R. nur sehr schwer zahlenmäßig messen lassen, spricht man in diesem Zusammenhang auch von qualitativen Zielen. Erweitert man die vier quantitativen Ziele des StabG um soziale Ziele und ökologische Ziele, so wird aus dem sog. „Magischen Viereck" ein „Magisches Sechseck".

Das **„Magische Sechseck"** der Wirtschaftspolitik berücksichtigt neben den vier quantitativen Zielen des StabG auch noch folgende **qualitative Ziele**:

- gerechte Einkommens- und Vermögensverteilung
- Erhaltung einer lebenswerten Umwelt.

Je nachdem, wie viele Ziele man noch hinzufügt (z. B. ausgeglichener Staatshaushalt, humane Arbeitsbedingungen), wird dann aus dem Magischen Sechseck ein Magisches Sieben- oder Achteck etc.

Was erwartet mich in der Prüfung?

1. Das Lernlabyrinth

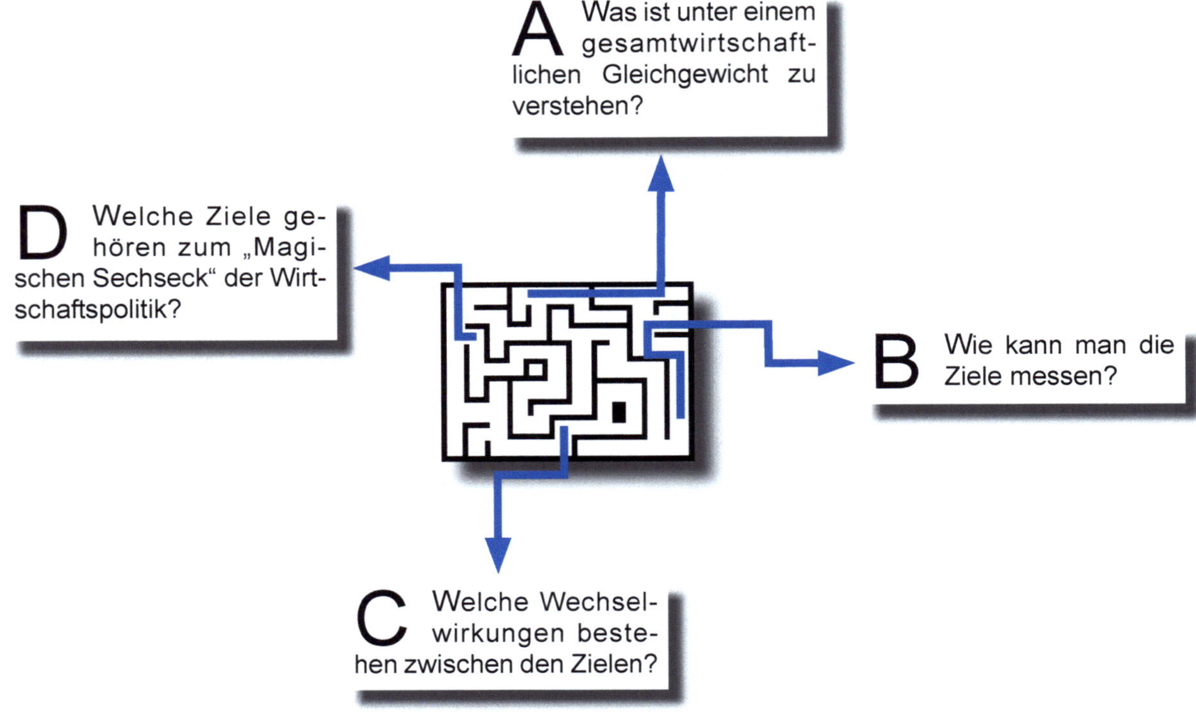

2. Wege aus dem Lernlabyrinth

A Was ist unter einem gesamtwirtschaftlichen Gleichgewicht zu verstehen?

Ein gesamtwirtschaftliches Gleichgewicht im Sinne des StabG lässt sich über das **„Magische Viereck“** (siehe Wissensteil) erklären.

Es kommt nicht unbedingt darauf an, dass alle vier Ziele zu 100 % erreicht werden. Vielmehr geht es darum, dass nicht einzelne Ziele übergewichtet, andere hingegen vernachlässigt werden.

Beispiel:

Um die Wirtschaft anzukurbeln und die Arbeitslosigkeit zu bekämpfen, legt die Bundesregierung ein umfangreiches Konjunkturprogramm mit hohen staatlichen Investitionsausgaben auf und die Leitzinsen werden gesenkt. Dass als Nebeneffekt ein Anstieg des Preisniveaus zu erwarten ist, spielt für die Entscheidungsträger eine eher untergeordnete Rolle.

⇒ In diesem Fall wird das Ziel der Preisniveaustabilität außer Acht gelassen. Wirtschaftswachstum und hoher Beschäftigungsstand werden quasi auf Kosten der Preisniveaustabilität erreicht. Es liegt kein gesamtwirtschaftliches Gleichgewicht vor.

B Wie kann man die Ziele messen?

Zur Messung der Ziele des Magischen Vierecks gibt es zwar Indikatoren; die Schwierigkeit besteht jedoch darin, dass das StabG keine konkreten Werte für die Zielerreichung vorgibt.

Beispiel:

Das Statistische Bundesamt weist für das Jahr 2021 folgende Zahlen aus:

Indikator:	Wert:
BIP nominal	3.570,6 Mrd. €
Veränderungsrate des BIP zum Vorjahr (preisbereinigt)	2,7 %
Arbeitslosenquote (im Jahresdurchschnitt)	5,7 %
Verbraucherpreisindex (Veränderungsrate zum Vorjahr)	3,1 %
Außenbeitrag	173 Mrd. €

Quelle: www.destatis.de

1. Stetiges und angemessenes Wirtschaftswachstum

Preissteigerung aus dem BIP herausrechnen! Denn eine reine Preissteigerung stellt kein Wirtschaftswachstum dar. Dies geschieht am einfachsten, indem man die reale, also preisbereinigte Veränderungsrate des BIP heranzieht.

Die reale Veränderungsrate des BIP von 2,7 % lässt darauf schließen, dass dieses Ziel im Jahr 2021 fast erreicht worden ist.

Zeitliche Entwicklung: Betrachtet man die Entwicklung des BIP im Zeitverlauf, wird deutlich, dass sich die Wachstumsraten wieder verbessert haben.

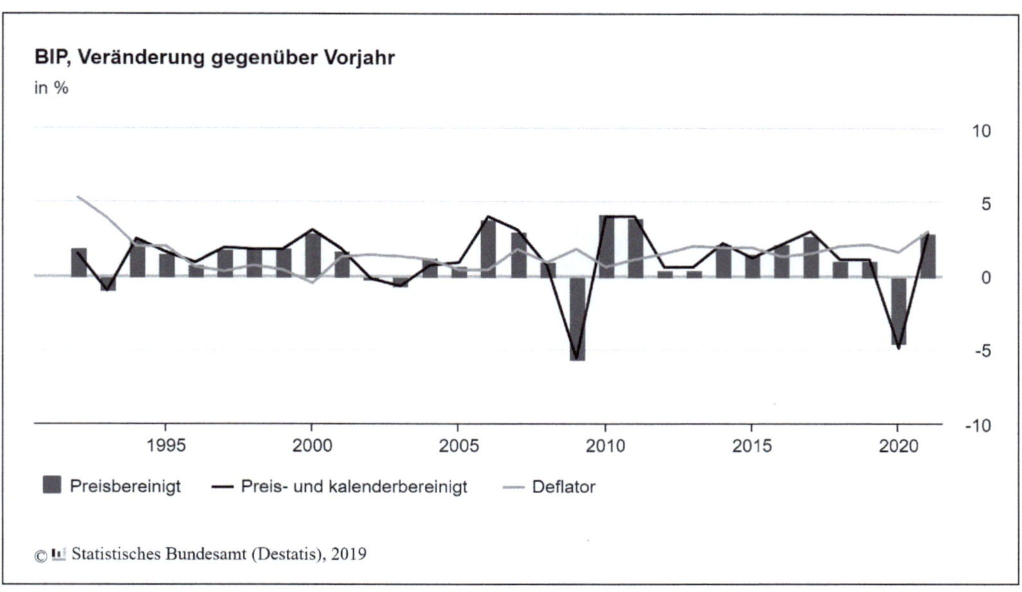

Nach dem gravierenden Einschnitt 2009 wegen der Wirtschafts- und Finanzkrise kam es 2010 zu einem deutlichen Anstieg des BIP. Im Jahr 2020 kam es aufgrund der Corona-Pandemie zu einem erneuten starken Rückgang des BIP.

Internationaler Vergleich: Eine umfassende Beurteilung des Wirtschaftswachstums wird erst durch die Einordnung in den globalen Zusammenhang möglich.

Die folgende Tabelle zeigt das Wirtschaftswachstum für die G7-Staaten.

Reale Veränderungsrate des BIP 2020 zum Vorjahr gemäß den Berechnungen des IWF für die G7-Staaten

Land/Region	Wert
Deutschland	- 4,8 %
USA	- 3,5 %
Japan	- 4,7 %
Italien	-8,9 %
Großbritannien	- 9,8 %
Kanada	- 5,3 %
Frankreich	- 8,0 %

Quelle: IWF

Ein Blick auf diese Zahlen macht deutlich:

⇒ Großbritannien und Italien hatten aufgrund der Corona-Pandemie in der Gruppe der G7 die größten Rückgänge des BIP zu verzeichnen.

⇒ USA und Deutschland weisen geringere negative Veränderungsraten aus.

2. Hoher Beschäftigungsstand

Sockelarbeitslosigkeit berücksichtigen! Eine Arbeitslosenquote von 0 % wäre aufgrund der Sockelarbeitslosigkeit ein utopisches Ziel.

Setzt man eine Arbeitslosenquote von 4 % mit Vollbeschäftigung gleich, so war die deutsche Wirtschaft mit einer Arbeitslosenquote von 5,7 % im Jahr 2021 dennoch relativ weit vom Zustand der Vollbeschäftigung entfernt.

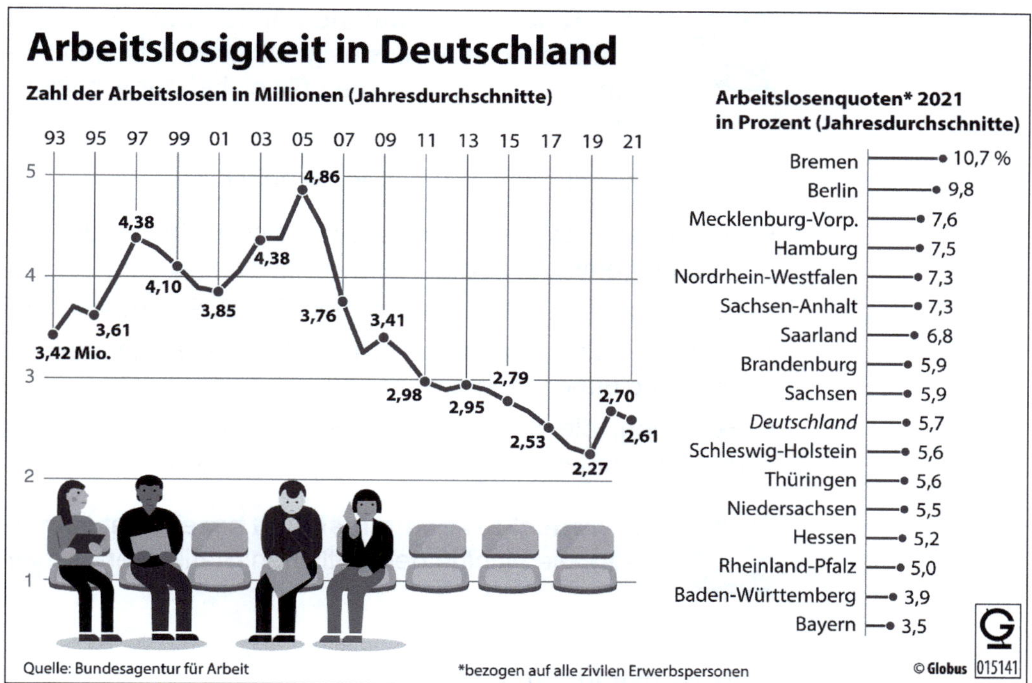

Aus dem Diagramm lässt sich ein Trend erkennen: Nachdem die Arbeitslosenquote in den Jahren 2005 bis 2008 im Durchschnitt zurückgegangen ist, steigt sie 2009 erstmalig mit dem Einsetzen der Wirtschaftskrise wieder an, um ab 2010 bis 2019 wieder kontinuierlich zu sinken. 2020 stieg sie coronabedingt wieder an.

Saisonale Schwankungen berücksichtigen! Aus dem Diagramm geht ferner hervor, dass die Arbeitslosenquote erheblichen jahreszeitlichen Schwankungen unterliegt. In der Regel erreicht die Arbeitslosigkeit im Winter ihren Höhepunkt und im Herbst ihren niedrigsten Stand.

Dies ist vor allem auf zwei Faktoren zurückzuführen:

- **Wetter:** Wetterabhängige Branchen (Baugewerbe, Tourismus, Landwirtschaft) beschäftigen in den schlechten Wintermonaten weitaus weniger Arbeitskräfte.
- **Beginn von Ausbildungsverhältnissen:** Im September/Oktober beginnen zahlreiche Ausbildungsverhältnisse, was die Arbeitslosenquote in diesen Monaten sprunghaft nach unten fallen lässt.

Vergleich mit Vorjahresmonat: Möchte man die aktuelle Arbeitslosenquote beurteilen, so empfiehlt sich ein Vergleich mit dem Vorjahresmonat.

Es ist beispielsweise wenig sinnvoll, die Arbeitslosenquote von September 2020 mit der von Januar 2020 zu vergleichen, da saisonale Einflüsse zu Verzerrungen führen können. Aussagekräftiger wäre ein Vergleich September 2020 mit September 2019.

Regionale Unterschiede beachten! Innerhalb Deutschlands gibt es bei der Arbeitslosenquote z. T. extreme regionale Unterschiede. So lag die Arbeitslosenquote 2021 in Westdeutschland bei 5,7 % und in Ostdeutschland bei 7,9 %. (Quelle: Bundesagentur für Arbeit)

Schwächen der Arbeitslosenstatistik: Die amtliche Statistik erfasst die tatsächliche Arbeitslosigkeit nicht vollständig. Die Arbeitslosenquote enthält nämlich nur die offiziell bei der Arbeitsagentur als arbeitslos gemeldeten Arbeitslosen.

Nicht als offiziell arbeitslos gelten demnach

- beschäftigungslose Personen, die sich nicht bei der Arbeitsagentur als arbeitslos gemeldet haben
- Personen, die an einer staatlichen Qualifizierungsmaßnahme teilnehmen
- Personen, die staatlich geförderte Arbeitsgelegenheiten mit Mehraufwandsentschädigung wahrnehmen (z. B. „1-Euro-Jobs")
- Personen, die aus Arbeitsmarktgründen vorzeitig aus dem Erwerbsleben ausgeschieden sind („Frührentner") oder sich in Altersteilzeit befinden.

Als **verdeckte Arbeitslosigkeit** bezeichnet man die Quote an Arbeitslosen, die nicht in der amtlichen Statistik erfasst sind.

3. Preisniveaustabilität

Mit einem Anstieg der Verbraucherpreise um lediglich 0,3 %, kann die Preisniveaustabilität für das Jahr 2015 als gewährleistet betrachtet werden, da dieser Anstieg unter der Marke von 2 % liegt.

Die folgende Grafik verdeutlicht, dass die Preissteigerungen vor allem in den Jahren 2014 und 2015 gering waren.

Verbraucherpreisindex für Deutschland (2015 = 100)
Veränderung gegenüber dem Vorjahresmonat, in %

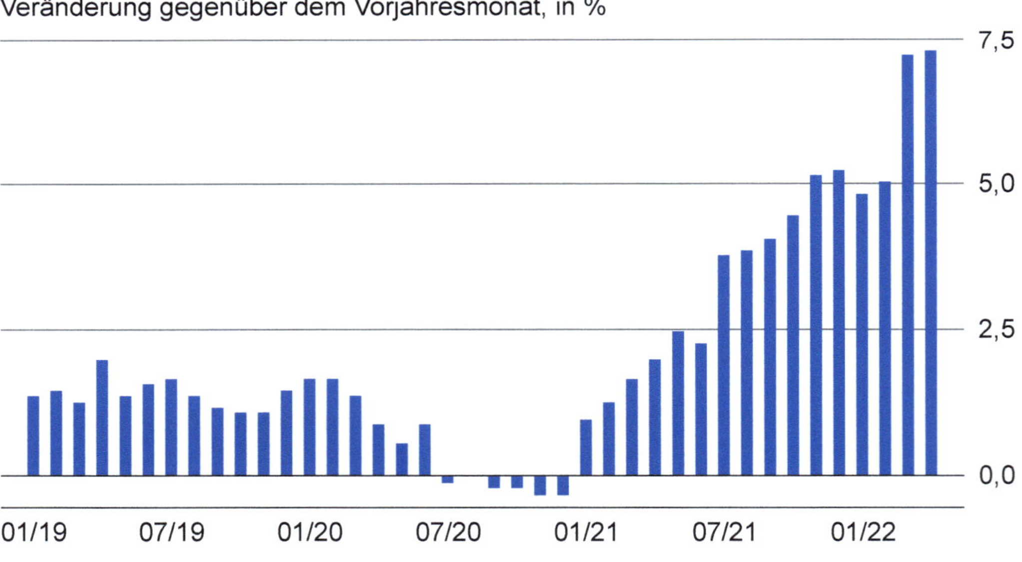

© Statistisches Bundesamt (Destatis) 2022

Deflationsgefahr: Der starke Rückgang des Preisniveaus seit 2013 schürte vorübergehend sogar die Angst vor einer bevorstehenden Deflation. Jedoch sind wir bei den aktuellen Preissteigerungen im Jahr Frühjahr 2022 weit davon entfernt.

4. Außenwirtschaftliches Gleichgewicht

Deutschland weist für 2021 gemessen am Außenbeitrag einen starken Exportüberschuss in Höhe von 204,3 Mrd. € auf. (Quelle: Statistisches Bundesamt)

Eine genauere Analyse zeigt jedoch, dass

- die Handelsbeziehungen mit dem Ausland nicht einseitig sind, denn den Exporten in Höhe von 1.462,1 Mrd. € stehen immerhin auch beachtliche Importe im Wert von 1.269,3 Mrd. € gegenüber
- keine extreme Abhängigkeit von einzelnen Abnehmerländern sowie von einzelnen Exportgütern gegeben ist.

(Siehe hierzu Kapitel II.5)

Außenbeitragsquote: Der absolut gesehen sehr hohe Exportüberschuss wird zudem relativiert, wenn man ihn ins Verhältnis zum nominalen BIP setzt.

Außenbeitragsquote = (204,3 Mrd. € : 3.563,9 Mrd. €) · 100 % = 5,7 %

Dies zeigt, dass die deutsche Wirtschaft neben dem Export auch noch über eine starke Binnenwirtschaft verfügt.

Die Behauptung, dass die deutsche Wirtschaft nur zu 5,7 % vom Export abhängig wäre, ist unzulässig. Berücksichtigt man die Sekundäreffekte für deutsche Zulieferer und Dienstleister, ist von einer weitaus höheren Exportabhängigkeit der deutschen Wirtschaft auszugehen.

Fazit: Das außenwirtschaftliche Gleichgewicht kann nach Abwägung all dieser Faktoren für 2015 im Wesentlichen als gegeben betrachtet werden.

C Welche Wechselwirkungen bestehen zwischen den Zielen?

Hier geht es vor allem um die Frage, wie sich wirtschaftspolitische Maßnahmen, die zur Erreichung eines Ziels ergriffen werden, auf die anderen Ziele auswirken.

Beispiel:
Ein staatliches Konjunkturprogramm soll die Wirtschaft ankurbeln und Arbeitsplätze schaffen. Im Rahmen des Konjunkturprogramms tätigt der Staat große Investitionen in Infrastrukturmaßnahmen (z. B. Straßenbau). Die EZB senkt parallel dazu die Leitzinsen, um die Investitionsbereitschaft der Unternehmen und Konsumbereitschaft der Haushalte zu erhöhen.

⇒ **Wirkung auf Wirtschaftswachstum:** Positiv, da z. B. das Baugewerbe zusätzliche Umsätze erzielen kann.

⇒ **Wirkung auf Beschäftigungsstand:** Positiv, da durch die zusätzlichen Aufträge Arbeitsplätze geschaffen bzw. gesichert werden.

⇒ **Wirkung auf Preisniveaustabilität:** Hier besteht ein Zielkonflikt! Die hohen Staatsausgaben und die Leitzinssenkung der EZB können zu einer erhöhten monetären Nachfrage führen. Es besteht die Gefahr, dass es zu einer Inflation kommt.

⇒ **Wirkung auf Außenbeitrag:** Die Wirkung auf den Außenbeitrag kann als eher gering angesehen werden. Die staatlichen Maßnahmen beziehen sich eher auf die Binnennachfrage. Eine Steigerung des Außenbeitrags könnten beispielsweise Exportförderprogramme bewirken.

Staatliche Maßnahmen zur Stärkung des Wirtschaftswachstums bzw. Bekämpfung der Arbeitslosigkeit stehen oft in einem Zielkonflikt mit der Preisniveaustabilität. Aus diesem Grund wurde die EZB (Europäische Zentralbank) geschaffen, die als unabhängige Institution das Ziel der Preisniveaustabilität als Maxime hat.

D Welche Ziele gehören zum „Magischen Sechseck" der Wirtschaftspolitik?

Die Problematik des Magischen Vierecks der Wirtschaftspolitik besteht darin, dass es nur quantitative, aber keine qualitativen Ziele enthält. Um auch qualitative Ziele aufzunehmen, ist eine Erweiterung des Vierecks z. B. um soziale und ökologische Ziele zu einem Sechseck erforderlich.

Die qualitativen Ziele sind

- zum einen keine rein wirtschaftlichen Ziele
- und zum anderen nicht bzw. nur zum Teil messbar.

Beispiel 1:

Die Tatsache, dass es in einem Land ein starkes Wirtschaftswachstum gibt, sagt beispielsweise noch nichts darüber aus, ob auch die gesamte Bevölkerung von diesem Wachstum profitiert und ob der Wohlstand sozial gerecht verteilt ist.

⇒ Deshalb wird die **gerechte Einkommens- und Vermögensverteilung** als zusätzliches Ziel der Wirtschaftspolitik gesehen.

Da sich eine gerechte Einkommens- und Vermögensverteilung über die freie Marktwirtschaft nicht erreichen lässt, greift der Staat hier mit diversen Umverteilungsmaßnahmen in die Wirtschaft ein:

- progressiver Einkommensteuertarif
- Kindergeld
- Arbeitslosengeld
- etc.

Für die Messung dieses Ziels könnte man die Lohnquote heranziehen (vgl. Kapitel I.2). Allerdings differenziert die Lohnquote nur zwischen Arbeitnehmerentgelt und Unternehmens- und Vermögenseinkommen, nicht jedoch, wie sich die Einkommen innerhalb der Arbeitnehmer verteilen.

Beispiel 2:

Ein hohes Wirtschaftswachstum kann auch mit einer massiven Schädigung der Umwelt verbunden sein (z. B. Ausstoß von Schadstoffen und „Treibhausgasen", Gewässer- und Bodenverschmutzung etc.).

⇒ Deshalb hat die **Erhaltung einer lebenswerten Umwelt** als ökologisches Ziel eine wichtige Bedeutung für die Wirtschaftspolitik.

Erste Schritte wie der Handel mit Emissionsrechten für CO_2-Emissionen innerhalb der EU verleihen diesem Ziel bereits wirtschaftliche Bedeutung.

So trainiere ich für die Prüfung

Aufgaben

1. Wissensfragen

1.1 Lernfragen

1. Nennen Sie die wirtschaftspolitischen Ziele nach dem „Stabilitätsgesetz“.

2. Geben Sie für jedes der vier Ziele einen geeigneten Indikator an.

3. Erläutern Sie anhand von je einem Beispiel einen Zielkonflikt und eine Zielharmonie zwischen wirtschaftspolitischen Zielen.

4. Inzwischen spricht man nicht mehr vom „Magischen Viereck“, sondern vom „Magischen Sechseck“ der Wirtschaftspolitik. Führen Sie die beiden Ziele an, die nicht gesetzlich fixiert sind.

5. Nennen Sie je drei Maßnahmen, mit denen der Staat Einkommen und Vermögen unter dem Gesichtspunkt der sozialen Gerechtigkeit umverteilt.

1.2 Mehrfachauswahl

1. Bestimmen Sie, welche der nachfolgenden wirtschaftspolitischen Ziele nicht im Stabilitätsgesetz geregelt sind.

   a) Preisniveaustabilität
   b) Lebenswerte Umwelt
   c) Gerechte Einkommensverteilung
   d) Außenwirtschaftliches Gleichgewicht
   e) Stetiges und angemessenes Wirtschaftswachstum
   f) Hoher Beschäftigungsstand

2. Im Stabilitätsgesetz werden vier wirtschaftspolitische Ziele genannt, die von den verantwortlichen Regierungen anzustreben sind. Welche Aussagen über das Verhältnis der Ziele zueinander sind richtig?

   a) Im Zentrum steht das gesamtwirtschaftliche Gleichgewicht.
   b) Die Bekämpfung der Arbeitslosigkeit hat immer Vorrang vor den anderen Zielen.
   c) Aufgrund der großen Bedeutung der Stabilität unserer Währung, steht das Ziel der Preisniveaustabilität im Vordergrund.
   d) Die Ziele sind grundsätzlich gleich zu gewichten und über die Förderung einzelner Ziele muss situativ je nach Bedürfnislage entschieden werden.
   e) Die vier Ziele stehen grundsätzlich im Verhältnis einer Zielharmonie zueinander.
   f) Das Ziel des außenwirtschaftlichen Gleichgewichts ist nachrangig zu behandeln.

3. Ein wirtschaftspolitisches Ziel ist die Erhaltung einer lebenswerten Umwelt. Prüfen Sie, welche Aussage in diesem Zusammenhang richtig ist.

a) Um das Recycling von Verpackungen zu fördern, kann der Staat in einer sozialen Marktwirtschaft keine Pfandpflicht für Unternehmen einführen.

b) Da die europäische Kommission keine technischen Standards für Produktkategorien festlegen und nicht in das Produktsortiment der Unternehmen eingreifen kann, bleibt ihr nur, an die Unternehmen zu appellieren.

c) Der Staat erhebt umweltbezogene Steuern, die Energieverbrauch, Emissionen, Verkehr oder Schadstoffausbringungen (Pestizide oder Ähnliches) besteuern.

d) Staatliche Investitionsförderungen im Umweltschutzsektor und entsprechende Umweltschutzauflagen führen zur Schaffung neuer Arbeitsplätze.

e) Wenn der Staat das Ziel „Erhaltung der lebenswerten Umwelt“ fördert, führt das immer zu einer Erhöhung der Wirtschaftsleistung.

4. Welche Aussage zum „magischen Viereck“ ist richtig?

a) Inflation, Deflation, Unter- und Überbeschäftigung bilden als Problemfelder das magische Viereck der Wirtschaftspolitik.

b) Das magische Viereck ist eine ständige Konferenz zur schnellen Abstimmung zwischen Bundeskanzler, Bundesfinanzminister, Bundeswirtschaftsminister sowie der EZB über alle Fragen der Wirtschaftspolitik.

c) An der Wirtschaftspolitik sind drei Bundesministerien (Wirtschaft, Finanzen, Arbeit und Soziales) und die EZB beteiligt. Diese vier wirtschaftspolitischen Instanzen werden als magisches Viereck bezeichnet.

d) Da es unmöglich ist, alle wirtschaftspolitischen Ziele gleichzeitig zu verwirklichen, spricht man bei den Zielen des Stabilitätsgesetzes von einem „magischen“ Viereck.

e) Für die Erreichung der wirtschaftspolitischen Ziele ist allein der Bund zuständig. Die Bundesländer können keinen Beitrag zur Zielerreichung leisten.

5. Interpretieren Sie das folgende Schaubild und bestimmen Sie die richtigen Aussagen.

a) Das Ziel des außenwirtschaftlichen Gleichgewichts konnte nicht erreicht werden, da die Importe die Exporte in jedem Jahr übertrafen und der Saldo der Leistungsbilanz im Jahr 2020 daher stark zugenommen hat.

b) Am Wirtschaftswachstum kann man erkennen, dass das Wirtschaftsjahr 2020 stark unter dem Einfluss der Corona-Pandemie stand.

c) Die Verbraucherpreise sind von 2016 bis 2020 um 2,0 % gestiegen.

d) Das Ziel des außenwirtschaftlichen Gleichgewichts konnte in den Jahren 2016 bis 2020 jeweils klar erreicht werden.

e) Das reale Bruttoinlandsprodukt wuchs im Jahr 2019 um 0,6 %, davon waren 1,4 Prozentpunkte durch Preissteigerungen bedingt.

f) Das jährliche Wachstum des realen Bruttoinlandsprodukts in 2017 ging mit einem Rückgang der Arbeitslosenzahl einher.

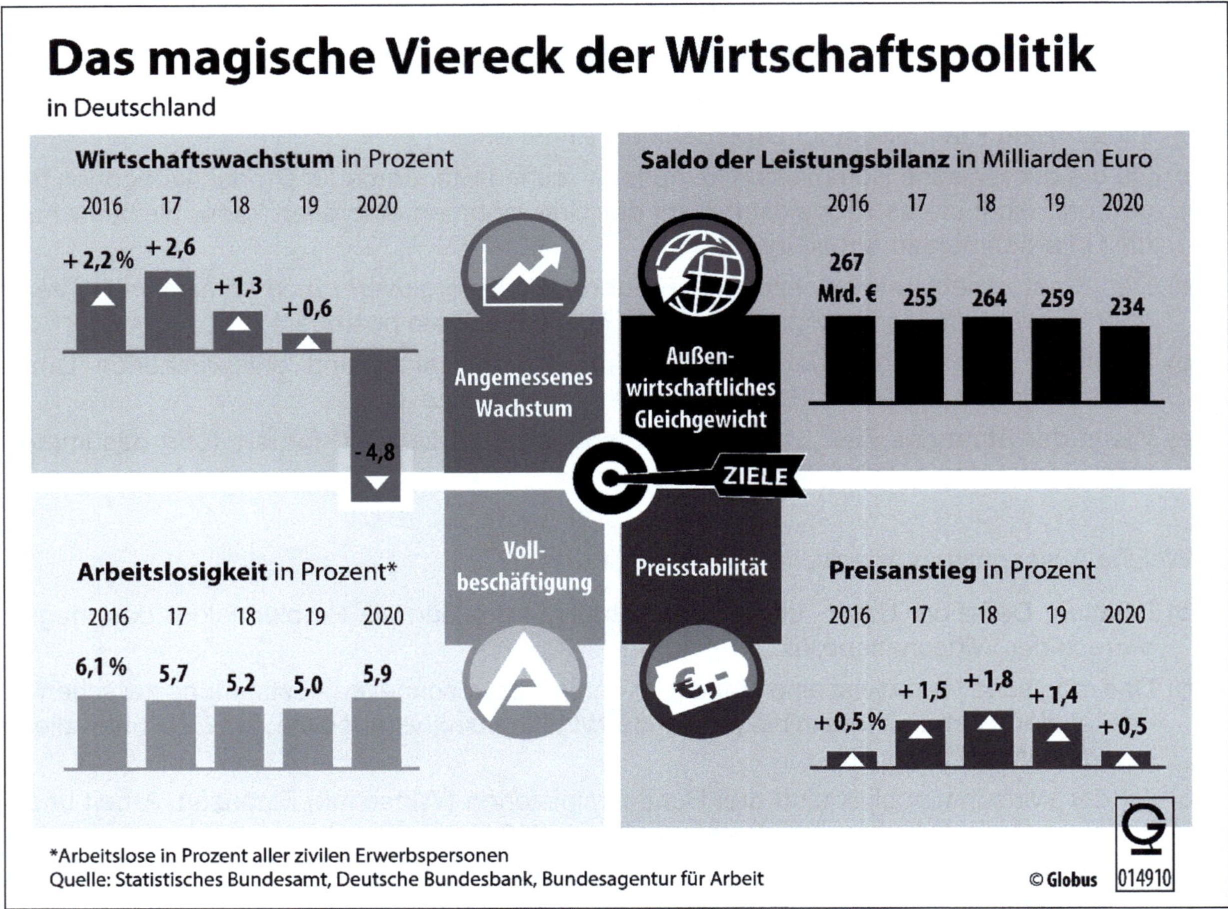

6. Ein wirtschaftspolitisches Ziel ist die gerechte Einkommens- und Vermögensverteilung. Prüfen Sie, welche Aussage zum untenstehenden Schaubild richtig ist.

a) 30,7 % der Haushalte hatten 2021 monatlich 4.000 € oder mehr netto zur Verfügung.

b) Mehr als die Hälfte aller Haushalte muss mit einem Einkommen von unter 2.600 € auskommen.

c) Im Jahr 2021 betrug das monatliche Bruttoeinkommen der meisten Haushalte 4.000 bis unter 7.500 €.

d) Der Anteil der Topverdiener mit einem Einkommen von 7.500 € und mehr lag bei 24,4 %.

e) Das Ziel der gerechten Einkommensverteilung ist erreicht.

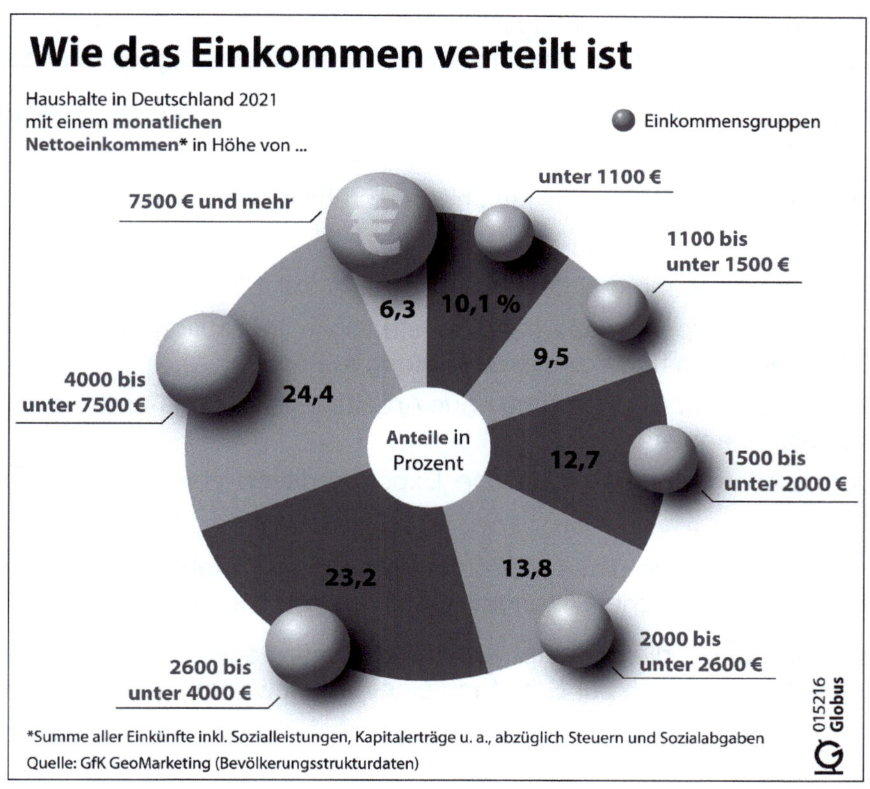

2. Fallsituation

Über unsere Volkswirtschaft sind folgende Zahlen bekannt:

Kennzahl	Wert im Jahr 04	Wert im Jahr 03
Verbraucherpreisindex (Jahr 01 = 100)	110,8	107,3
BIP in jeweiligen Preisen	2.490 Mrd. €	2.400 Mrd. €
Zum Vergleich: reales Weltwirtschaftswachstum	+ 1,4 %	+ 2,8 %
Zivile Erwerbstätige	40.240 Tsd.	40.420 Tsd.
Registrierte Arbeitslose	4.077 Tsd.	3.850 Tsd.
Arbeitslosenquote	?	8,7 %
Exporte	800 Mrd. €	900 Mrd. €
Importe	860 Mrd. €	850 Mrd. €

Sie sollen die gesamtwirtschaftliche Situation des Jahres 04 analysieren und im Hinblick auf die Erreichung wirtschaftspolitischer Ziele beurteilen.

a) Beurteilen Sie, inwieweit das Ziel der Preisniveaustabilität im Jahr 04 erreicht worden ist. Belegen Sie Ihre Antwort mit einer konkreten Kennzahl.

b) Ein Kollege beurteilt das Wirtschaftswachstum des Jahres 04 wie folgt:

„Das BIP ist gegenüber dem Vorjahr von 2.400 Mrd. € auf 2.409 Mrd. €, also um 3,75 % gestiegen. Das ist ja mehr als das Doppelte der Wachstumsrate der Weltwirtschaft. Damit haben wir das im Stabilitätsgesetz verankerte Wachstumsziel voll erfüllt."

Nehmen Sie kritisch Stellung zu dieser Aussage und begründen Sie Ihre Argumentation zahlenmäßig.

c) Berechnen Sie auf Basis der vorliegenden Informationen die Arbeitslosenquote für das Jahr 04 und beurteilen Sie das Ergebnis im Hinblick auf das Ziel eines hohen Beschäftigungsstandes.

d) Welche Rückschlüsse ziehen Sie aus den vorliegenden Daten im Hinblick auf das außenwirtschaftliche Gleichgewicht? Belegen Sie Ihre Antwort zahlenmäßig.

e) Um eine Verbesserung der wirtschaftlichen Entwicklung herbeizuführen, werden folgende Maßnahmen ergriffen.

- Die Zentralbank beschließt eine Senkung des Leitzinses von 2 % auf 1 %.
- Der Bund beschließt ein Konjunkturpaket, das massive staatliche Investitionen in die Verkehrsinfrastruktur, das Bildungswesen und soziale Einrichtungen vorsieht.
- Die Bundesagentur für Arbeit soll in großem Umfang neue Arbeitsbeschaffungs- und Umschulungsmaßnahmen für Arbeitslose anbieten.
- Um den Export zu fördern, sollen verstärkt staatliche Exportkreditversicherungen gewährt werden.

Erläutern Sie, welche Auswirkungen durch diese Maßnahmen für die im Stabilitätsgesetz verankerten Ziele und das gesamtwirtschaftliche Gleichgewicht zu erwarten sind.

f) Nennen Sie eine staatliche Maßnahme, die geeignet wäre, Wirtschaftswachstum und Beschäftigung zu fördern und gleichzeitig auch noch zur Erhaltung einer lebenswerten Umwelt beiträgt. (Begründung)

Lösungen

1. Wissensfragen

1.1 Lernfragen

1. Stabilität des Preisniveaus
Hoher Beschäftigungsstand
Außenwirtschaftliches Gleichgewicht
Stetiges und angemessenes Wirtschaftswachstum

2. Stabilität des Preisniveaus: Verbraucherpreisindex
Hoher Beschäftigungsstand: Arbeitslosenquote
Außenwirtschaftliches Gleichgewicht: Außenbeitrag (evtl. Außenbeitragsquote oder Leistungsbilanzsaldo)
Stetiges und angemessenes Wirtschaftswachstum: reale Veränderungsrate des BIP

3. Zielkonflikt, d. h. das Anstreben eines Zieles beeinträchtigt das Erreichen anderer Ziele negativ: Erhöhtes Wirtschaftswachstum kann ein erhöhtes Preisniveau verursachen, wenn die gesamtwirtschaftliche Nachfrage größer als das gesamtwirtschaftliche Güterangebot ist.

Zielharmonie, d. h. das Anstreben eines Ziels, fördert gleichzeitig das Erreichen anderer Ziele: Durch ein erhöhtes Wirtschaftswachstum kann es zu steigender Beschäftigung kommen, da mehr Produktionskapazitäten nötig sind.

4. Erhaltung einer lebenswerten Umwelt
Gerechte Einkommens- und Vermögensverteilung

5. Z. B. Kindergeld, BAföG, progressiver Einkommensteuertarif

1.2 Mehrfachauswahl

1. b, c

Hierbei handelt es sich um qualitative Ziele. Das StabG enthält jedoch nur quantitative Ziele.

2. a, d

Siehe § 1 StabG

3. c

Z. B. Energiesteuer, Kfz-Steuer

zu a) Es wurde z. B. die Pfandpflicht für Einwegverpackungen eingeführt.
zu b) Ersetzen der Glühlampe durch die Energiesparlampe

4. d

5. b, f

zu b) Das BIP ist 2020 real um 4,8 % gesunken.
zu f) Wachstum von 2,6 % und Rückgang der Arbeitslosenquote von 6,1 % (2016) auf 5,7 % (2017).

6. a

zu b) 46,1 % der Haushalte haben ein Einkommen unter 2.600 €.
zu c) monatliches **Netto**einkommen ist angegeben

2. Fallsituation

a) Preissteigerungsrate = (110,8 : 107,3) · 100 % = 3,26 %
Da die Preissteigerungsrate damit relativ deutlich über der Marke von 2 % liegt, kann man nicht mehr von einem stabilen Preisniveau sprechen.

B

b) Diese Aussage ist falsch. Das BIP ist zwar nominal um 3,75 % gestiegen. Für die Beurteilung des Wirtschaftswachstums ist jedoch die reale (preisbereinigte) Veränderungsrate des BIP entscheidend. Diese berechnet sich für das Jahr 04 wie folgt:

B

BIP 04 in Preisen von 03 = (2.490 Mrd. € : 103,26) · 100 = 2.411,39 Mrd. €

Reale Veränderungsrate des BIP 04 = (2.411,39 Mrd. € : 2.400 Mrd. €) · 100 % = 0,47 %

Das reale Wirtschaftswachstum beträgt also lediglich 0,47 %. Der größte Teil des nominalen Wachstums von 3,75 % ist auf die Preissteigerungsrate zurückzuführen.

c) Arbeitslosenquote = (registrierte Arbeitslose : (zivile Erwerbstätige + registrierte Arbeitslose)) · 100 % = (4.077 Tsd. : (40.240 Tsd. + 4.077 Tsd.)) · 100 % = **9,2 %**

B

Die Arbeitslosenquote ist damit von einer angestrebten Vollbeschäftigung (ca. 4 %) weit entfernt. Zudem hat sich die Arbeitslosenquote gegenüber dem Vorjahr noch um 0,5 Prozentpunkte erhöht, was auf einen Rückgang der Erwerbstätigen bei gleichzeitigem Anstieg der Arbeitslosenzahl zurückzuführen ist.

B

d) Der Außenbeitrag 04 beträgt - 60 Mrd. €. Dies ist in erster Linie auf einen starken Rückgang der Exporte zurückzuführen, während die Importe nur geringfügig zugenommen haben. Im Jahr 03 war noch ein positiver Außenbeitrag von 50 Mrd. € zu verzeichnen. Zwar genügen die vorliegenden Daten nicht, um die genauen Auswirkungen des negativen Außenbeitrags auf die Binnenwirtschaft offen zu legen, doch ein auf lange Sicht negativer Außenbeitrag kann zu einer starken Verschuldung führen.

C

e) Die Leitzinssenkung wird im Normalfall dazu führen, dass Konsum- und Investitionsbereitschaft steigen, da sich Kredite verbilligen. (Unter der Voraussetzung, dass die Geschäftsbanken den verbilligten Zinssatz an die Unternehmen und Verbraucher weitergeben.) Dies fördert das Wirtschaftswachstum und die Beschäftigung. Allerdings ist diese Maßnahme im Hinblick auf die Preisniveaustabilität als bedenklich zu werten, da die ohnehin schon relativ hohe Preissteigerungsrate dadurch noch weiter zunehmen könnte.

Eine ähnliche Wirkung entfalten das staatliche Investitionsprogramm und die staatlich geförderten Arbeitsmarktprogramme. Sie fördern Produktion und Beschäftigung, bergen jedoch durch die erhöhten Staatsausgaben die Gefahr einer Inflation sowie außerdem noch einer zunehmenden Staatsverschuldung.

Die verstärkte Gewährung von Exportkreditversicherungen kurbelt den Export an, was den Außenbeitrag wieder verbessern könnte. Allerdings entstehen für den Staat finanzielle Risiken, da er ja gegenüber dem Exporteur für evtl. Forderungsausfälle einstehen muss.

Insgesamt dienen die Maßnahmen vor allem dem Wachstums- und Beschäftigungsziel, während die Preisniveaustabilität vernachlässigt wird. Es besteht die Gefahr eines gesamtwirtschaftlichen Ungleichgewichts.

C, D

f) Z. B. Staatliche Zuschüsse bzw. verbilligte Darlehen für den Bau von Photovoltaik- oder Windkraftanlagen

Durch die Förderung erneuerbarer Energien wird der CO_2- und Schadstoffausstoß bei der Energieerzeugung verringert. Außerdem wird die Produktion von Photovoltaik- und Windkraftanlagen gefördert, wovon Impulse für Wirtschaftswachstum und Beschäftigung ausgehen können.

2. Wirtschaftsschwankungen und Konjunkturpolitik

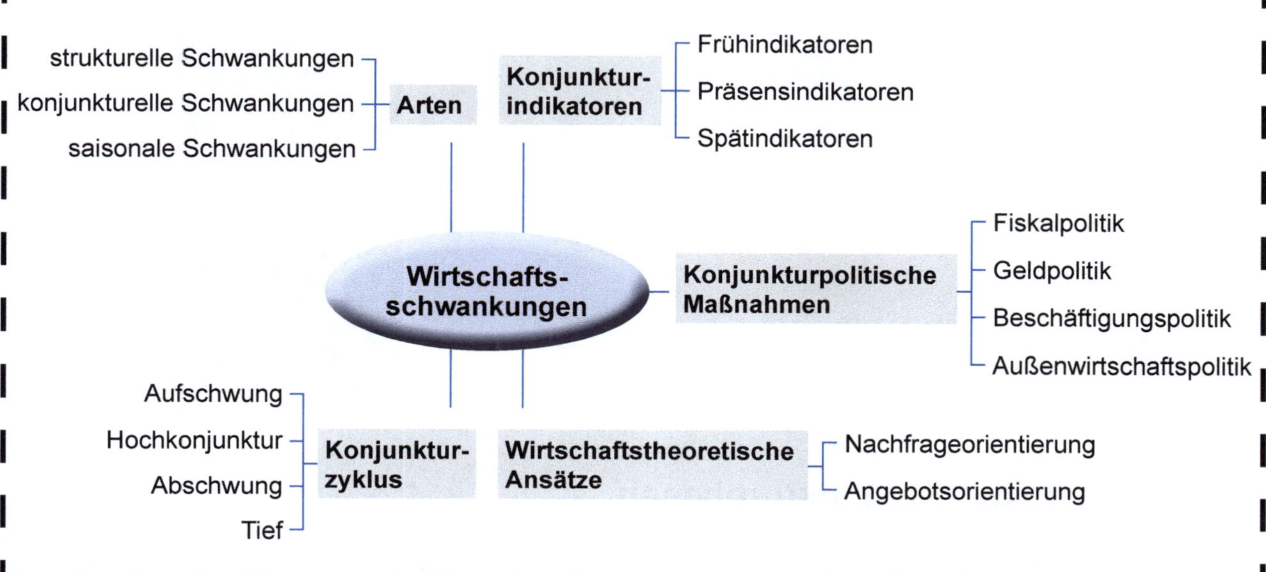

Was muss ich für die Prüfung wissen?

2.1 Arten von Wirtschaftsschwankungen

Nach der Länge der Zyklen unterscheidet man folgende Arten von Wirtschaftsschwankungen:

Art der Schwankung	Dauer	Ursache
Strukturelle Schwankungen (Kondratieff-Zyklen)	langfristig (ca. 50 - 60 Jahre)	tiefgreifende wirtschaftliche Veränderungen (z. B. revolutionäre technische Neuerungen)
Konjunkturelle Schwankungen	mittelfristig (ca. 4 Jahre)	Ungleichgewichte zwischen gesamtwirtschaftlicher Nachfrage und gesamtwirtschaftlichem Angebot
Saisonale Schwankungen	kurzfristig (i. d. R. wenige Monate)	jahreszeitlich bedingte Einflüsse (z. B. Wetter, Vorweihnachtszeit etc.)

2.2 Der Konjunkturzyklus

Unter **Konjunktur** versteht man regelmäßig wiederkehrende Veränderungen der wirtschaftlichen Aktivität in einer Volkswirtschaft. Als Maß für die wirtschaftliche Aktivität wird dabei das BIP herangezogen.

Ein **Konjunkturzyklus** besteht aus vier Phasen.

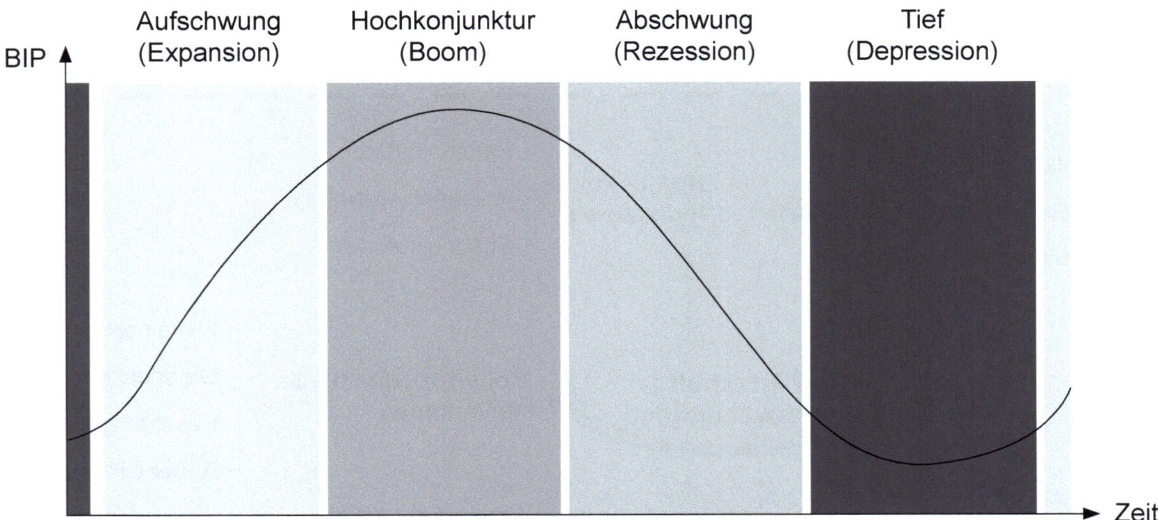

2.3 Merkmale der Konjunkturphasen

Die einzelnen Konjunkturphasen sind idealerweise durch folgende Merkmale gekennzeichnet:

- **Aufschwung:** Die Nachfrage beginnt zu steigen. Infolgedessen erhöht sich die Produktion. Da die Wachstumsaussichten positiv sind, investieren die Unternehmen, um ihre Kapazitäten zu erweitern. Arbeitskräfte werden eingestellt. Das Lohnniveau ist noch relativ niedrig, beginnt jedoch zu steigen. Aufgrund der erhöhten Geldnachfrage steigen auch die Zinsen.
- **Hochkonjunktur:** Die Nachfrage ist weiterhin hoch. Die Produktion lässt sich jedoch aufgrund ausgelasteter Kapazitäten nur noch über Produktivitätssteigerungen erhöhen. Es herrscht Vollbeschäftigung und die Arbeitskräfte werden knapp. Die Löhne und die Preise steigen stark an. Die Zinsen sind hoch. Die Investitionsbereitschaft geht bereits langsam zurück.
- **Abschwung:** Die Nachfrage geht zurück, die Produktion ebenfalls. Überschüssige Arbeitskräfte werden freigesetzt. Die Löhne nehmen nicht mehr zu und die Preise beginnen zu sinken. Aufgrund der vorhandenen Überkapazitäten und der schlechten Aussichten werden immer weniger Investitionen getätigt. Die rückläufige Geldnachfrage lässt das Zinsniveau sinken.
- **Tief:** Nachfrage, Produktion und Beschäftigung erreichen ihren Tiefststand. Es kommt verstärkt zu Unternehmensinsolvenzen. Investitionen werden kaum mehr getätigt. Löhne, Preise und Zinsen befinden sich auf niedrigem Niveau.

Merkmale	Aufschwung	Hochkonjunktur	Abschwung	Tief
Nachfrage	steigend	hoch, aber stagnierend	sinkend	gering
Produktion	steigend	hoch, aber stagnierend	sinkend	gering
Beschäftigung	steigend	hoch (Vollbeschäftigung)	sinkend	niedrig, sinkend
Lohnniveau	niedrig, leicht steigend	steigend	stagnierend	stagnierend bzw. sinkend
Preise	niedrig, leicht steigend	steigend	stagnierend bzw. sinkend	niedrig, evtl. weiter sinkend
Zinsniveau	niedrig, leicht steigend	hoch	sinkend	niedrig
Investitionen	stark steigend	stagnierend	sinkend	gering, evtl. weiter sinkend

2.4 Konjunkturindikatoren

Daten, die den Konjunkturverlauf messen bzw. Voraussagen für künftige Konjunkturentwicklungen zulassen, werden als **Konjunkturindikatoren** bezeichnet.

Dabei unterscheidet man drei Kategorien von Indikatoren:

- **Frühindikatoren** ermöglichen Vorhersagen für zukünftige volkswirtschaftliche Entwicklungen.
- **Präsensindikatoren** spiegeln die aktuelle volkswirtschaftliche Situation wider.
- **Spätindikatoren** ermöglichen Rückschlüsse über die bereits vergangene volkswirtschaftliche Entwicklung.

Frühindikatoren	Präsensindikatoren	Spätindikatoren
• Auftragseingänge • Investitionen • Zukunftserwartungen der Unternehmen (z. B. Ifo-Geschäftsklimaindex) • Lagerbestände • Baugenehmigungen • Kfz-Neuzulassungen • etc.	• BIP (reale Veränderungsrate) • Industrieproduktion • Kapazitätsauslastung • Konsumausgaben • Umsatz • etc.	• Beschäftigung (Arbeitslosenzahl, -quote) • Einkommen • Preisniveau (Verbraucherpreisindex) • Zinsniveau • Lohnniveau • Insolvenzen • Steuereinnahmen • etc.

Wer stellt Konjunkturdaten zur Verfügung?

Auf nationaler Ebene:

- Statistisches Bundesamt
- Deutsche Bundesbank
- Wirtschaftsforschungsinstitute, z. B.
  - Ifo = Institut für Wirtschaftsforschung
  - DIW = Deutsches Institut für Wirtschaftsforschung
  - IW = Institut der deutschen Wirtschaft.

Auf europäischer Ebene:

- EU-Kommission
- EZB (Europäische Zentralbank).

Auf internationaler Ebene:

- OECD (Organisation for economic cooperation and development)
- IWF (Internationaler Währungsfonds).

2.5 Konjunkturpolitische Maßnahmen

Unter **Konjunkturpolitik** versteht man wirtschaftspolitische Maßnahmen, die darauf zielen, Konjunkturschwankungen zu glätten, um ein möglichst konstantes Wirtschaftswachstum zu erreichen.

Instrumente der Konjunkturpolitik

Die Instrumente der staatlichen Konjunkturbeeinflussung lassen sich im Wesentlichen folgenden Bereichen der Wirtschaftspolitik zuordnen.

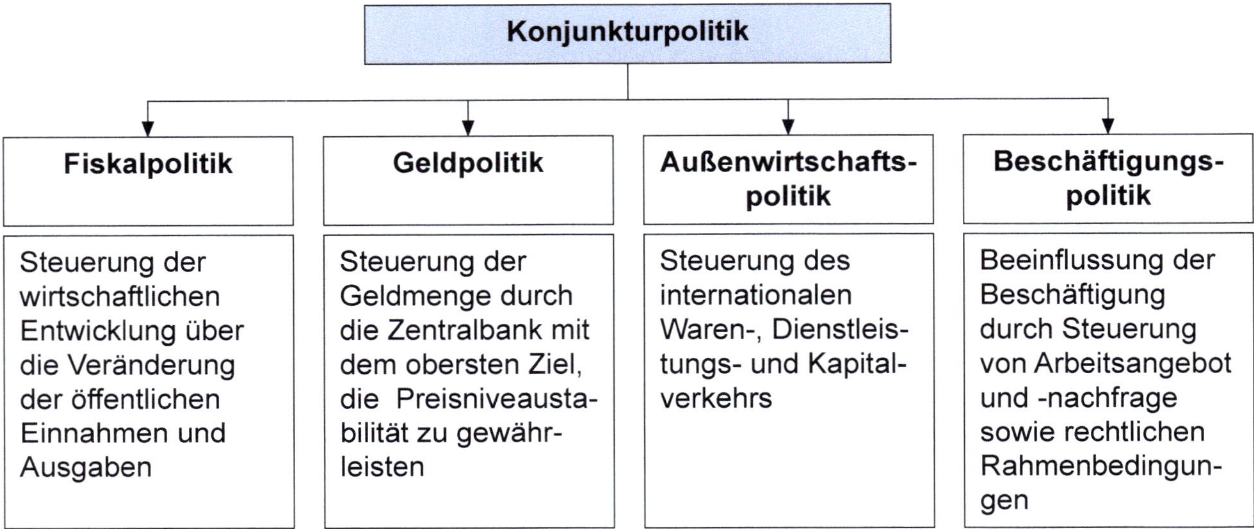

a) Fiskalpolitik

Um konjunkturellen Schwankungen entgegenzuwirken, soll der Staat seine Ausgaben und Einnahmen **antizyklisch**, also entgegen dem Konjunkturverlauf, ausrichten.

Im Sinne einer **antizyklischen Fiskalpolitik** muss der Staat demnach

- in einer Rezession seine Ausgaben (z. B. Subventionen, Investitionen, soziale Leistungen) erhöhen, um die gesamtwirtschaftliche Nachfrage zu beleben.
- in der Hochkonjunktur hingegen seine Ausgaben verringern, seine Einnahmen steigern (z. B. durch Steuererhöhungen), um eine „Überhitzung" der Konjunktur zu vermeiden und Rücklagen zu bilden.

Verschuldet sich der Staat, um durch erhöhte Ausgaben die Wirtschaft anzukurbeln, spricht man von **Defizitfinanzierung** (**Deficit spending**).

(Weitere Informationen zur Fiskalpolitik in Kapitel II.3)

b) Geldpolitik

Wichtigstes Ziel der Geldpolitik ist die Erhaltung der Preisniveaustabilität.

Dies geschieht über die Steuerung der umlaufenden Geldmenge, wobei

- einerseits eine ausreichende Versorgung der Wirtschaft mit Geld gewährleistet sein muss
- andererseits die Geldmenge so knapp gehalten werden muss, dass der Wert des Geldes nicht abnimmt, sondern stabil bleibt.

Diese Aufgabe übernimmt innerhalb des Euroraums die Europäische Zentralbank (EZB), die ihre Geldpolitik unabhängig von den nationalen Regierungen gestalten kann. Der EZB stehen zur

Durchführung der Geldpolitik verschiedene Instrumente zur Verfügung, deren bekanntestes der sogenannte „Leitzins“ ist.

(Weitere Informationen zur Geldpolitik in Kapitel II.4)

c) Außenwirtschaftspolitik

Die **Außenwirtschaftspolitik** umfasst alle wirtschaftspolitischen Maßnahmen, die sich auf den Austausch von Waren, Dienstleistungen und Kapital mit dem Ausland beziehen. Die Maßnahmen der Außenwirtschaftspolitik sollen zum **außenwirtschaftlichen Gleichgewicht** beitragen.

Neben einer Förderung des Exports kann die Außenwirtschaftspolitik auch den Schutz der inländischen Wirtschaft vor ausländischer Konkurrenz oder den Abbau von Handelsbarrieren zum Ziel haben.

(Weitere Informationen zur Außenwirtschaftspolitik in Kapitel II.5)

d) Beschäftigungspolitik

Die **Beschäftigungspolitik** verfolgt das Ziel eines möglichst **hohen Beschäftigungsstandes**; die Arbeitslosigkeit soll so gering wie möglich gehalten werden.

Die beiden wesentlichen Bereiche der Beschäftigungspolitik sind

- die Lohnpolitik
- und die Arbeitsmarktpolitik.

Die **Lohnpolitik** wird in Deutschland nicht durch den Staat bestimmt, sondern von den Tarifpartnern (Arbeitgeberverbänden und Gewerkschaften).

Die **Tarifautonomie**, also das Recht der Tarifvertragsparteien, Arbeitsbedingungen und Arbeitsentgelt ohne staatlichen Eingriff auszuhandeln, ist im Grundgesetz verankert.

Der Staat übt jedoch durch arbeits- und sozialrechtliche Vorschriften erheblichen Einfluss auf die Rahmenbedingungen für Beschäftigungsverhältnisse aus. So wirken sich beispielsweise die Sozialversicherungsbeiträge sehr stark auf die Lohnnebenkosten aus.

Ziel der **Arbeitsmarktpolitik** ist ein Ausgleich von Angebot und Nachfrage auf dem Arbeitsmarkt.

Dieser Ausgleich kann u. a. erfolgen durch

- Arbeitsvermittlung (z. B. durch die Bundesagentur für Arbeit)
- Qualifizierungsmaßnahmen (staatlich geförderte Aus- und Weiterbildungsmaßnahmen)
- Arbeitsbeschaffungsmaßnahmen, z. B. Verwirklichung struktur- und umweltpolitischer Ziele, Verbesserung der Vermittlungschancen für Langzeitarbeitslose
- frühere Ausgliederung aus dem Erwerbsleben (z. B. Altersteilzeit) .

(Die Themen Sozialversicherung sowie Arbeits- und Tarifrecht werden in dem Band „Trainingsmodul Industriekaufleute. Ausbildung und Beruf (WISO1)“ ausführlich behandelt.)

2.6 Grundkonzeptionen der Konjunkturpolitik

Man unterscheidet bei der Konjunkturpolitik zwei grundlegende wirtschaftstheoretische Ansätze:

- nachfrageorientierte Konjunkturpolitik (Keynesianismus)
- angebotsorientierte Konjunkturpolitik (Monetarismus).

Wirtschaftstheoretische Ansätze	**nachfrageorientierte Konjunkturpolitik**	**angebotsorientierte Konjunkturpolitik**
Grundsätze	• Zentrale gesamtwirtschaftliche Steuerungsgröße ist die **Nachfrage**. • Der Staat soll aktiv in die Wirtschaft eingreifen, um die Nachfrage zu stärken, ggf. auch durch eine Erhöhung der Staatsausgaben.	• Zentrale gesamtwirtschaftliche Steuerungsgröße ist die **Geldmenge**. • Der Staat soll weitestgehend auf Eingriffe in die Wirtschaft verzichten und möglichst optimale Rahmenbedingungen für Unternehmen schaffen (insbesondere Geldwertstabilität).
Bevorzugte Maßnahmen	• Subventionen • Steuersenkungen • Zinssenkungen • staatliche Investitionen • soziale Transferzahlungen	• Verminderung von Steuern und Abgaben • gemäßigte Lohnpolitik • auf Preisstabilität bedachte Geldpolitik
Nachteile	• Gefahr einer hohen Staatsverschuldung • hohes Maß an Bürokratie • zeitlich verzögerte Wirkung der Maßnahmen	• Fehlen eines sozialen Ausgleichs durch Umverteilung • Vernachlässigung des Lohns als Basis für den Konsum • geringes Maß an sozialer Sicherung

Was erwartet mich in der Prüfung?

1. Das Lernlabyrinth

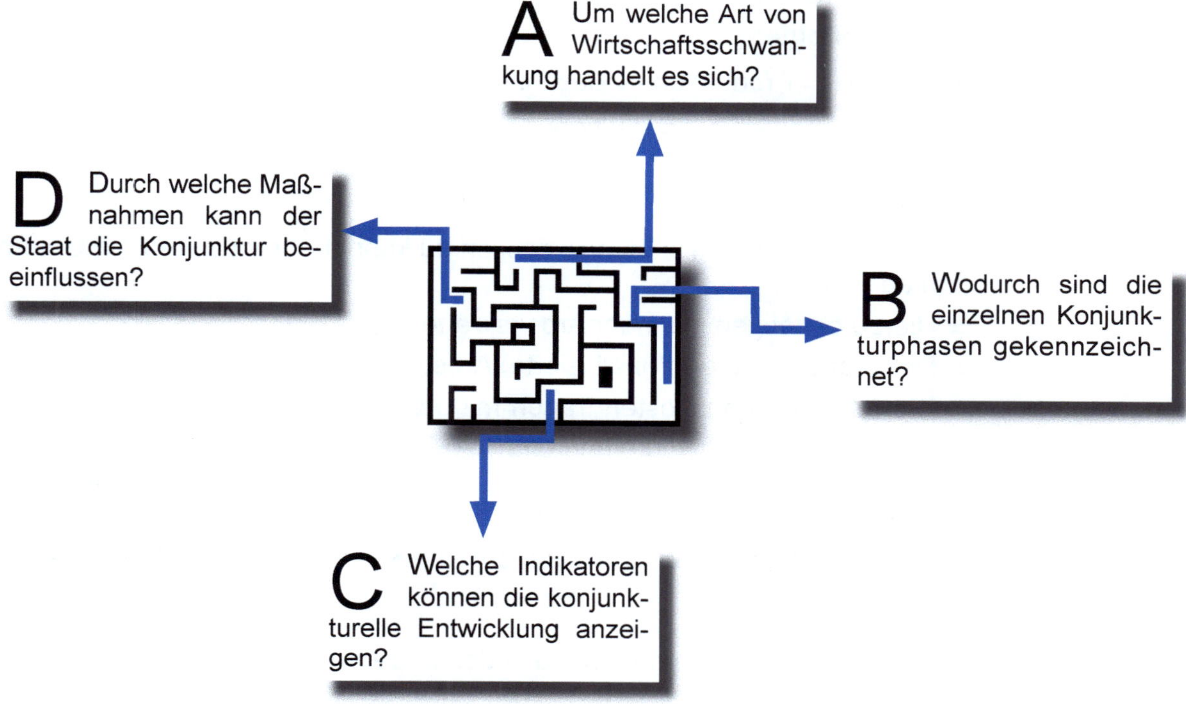

2. Wege aus dem Lernlabyrinth

A Um welche Art von Wirtschaftsschwankung handelt es sich?

Entscheidend ist die Dauer des Zyklusses.

⇒ Dauer mehrere Jahrzehnte (ca. 50 - 60 Jahre) → Strukturelle Schwankung (Kondratieff-Zyklus)

⇒ Dauer mehrere Jahre (ca. 4 Jahre) → Konjunkturelle Schwankung

⇒ Dauer wenige Monate → saisonale Schwankung

Die längere Schwankung kann mehrere kürzere Schwankungen beinhalten.

Beispiel:

Trotz eines konjunkturellen Aufschwungs kommt es im Januar vorübergehend zu einem Wachstumsstillstand und erhöhter Arbeitslosigkeit, weil ein strenger Winter die Tätigkeiten im Baugewerbe sehr stark einschränkt.

B Wodurch sind die einzelnen Konjunkturphasen gekennzeichnet?

Zwischen den verschiedenen Merkmalen einer Konjunkturphase bestehen Abhängigkeiten. Oft ist die Entwicklung der Nachfrage Ausgangspunkt für die Entwicklung anderer Größen. Es wird quasi eine „Kettenreaktion" in Gang gesetzt.

Beispiel: Aufschwung

Reaktionsfolge:

Nachfrage → Produktion → Beschäftigung → Löhne → Preise
↳ Investitionen → Zinsen

Ausgangspunkt ist der Anstieg der Nachfrage.

⇒ Um die steigende Nachfrage decken zu können, produzieren die Unternehmen mehr.

⇒ Hierzu benötigen sie mehr Arbeitskräfte.

⇒ Der Wettbewerb um (qualifizierte) Arbeitskräfte führt zu Lohnerhöhungen.

⇒ Die erhöhten Lohnkosten tragen mit dazu bei, dass die Preise erhöht werden, da ja die Kosten gedeckt werden sollen.

⇒ Die steigende Produktion führt zu Engpasskapazitäten, Erweiterungsinvestitionen müssen getätigt werden.

⇒ Die Investitionen bedingen eine erhöhte Kreditnachfrage, die Banken erhöhen die Zinsen.

Analog sind die Zusammenhänge in den anderen Konjunkturphasen.

Branchenkonjunktur: Die wirtschaftliche Entwicklung verläuft in der Regel nicht in allen Branchen gleich.

Beispiel:

Während die exportorientierten Industriezweige (Maschinenbau, Automobilindustrie, chemische Industrie etc.) wegen einer starken Auslandsnachfrage boomen, kann es sein, dass sich der Einzelhandel aufgrund einer schwachen Binnennachfrage in einer wirtschaftlichen Krise befindet.

C Welche Indikatoren können die konjunkturelle Entwicklung anzeigen?

1. Welcher Bereich der Wirtschaft soll abgebildet werden?

Soll die

- die gesamte Volkswirtschaft betrachtet werden
- oder nur bestimmte Wirtschaftsbereiche bzw. Branchen?

Für die Beurteilung der gesamtwirtschaftlichen Lage eignet sich vor allem das BIP.

Daneben existiert eine Vielzahl branchenspezifischer Indikatoren (z. B. Anzahl der Baugenehmigungen für das Baugewerbe, Geschäftserwartungen im Einzelhandel etc.).

Beispiel:
Die Marktforschungsabteilung eines großen Maschinenbauunternehmens sucht nach einem Indikator für die wirtschaftliche Entwicklung in der deutschen Industrie.

Das BIP allein wäre hierfür eine zu allgemeine Größe, da es auch viele andere Branchen (z. B. Banken, Handel etc.) beinhaltet. Hier werden spezielle auf das verarbeitende Gewerbe bezogene Indikatoren benötigt.

2. Für welchen Zeitraum benötige ich den Indikator?

Hier ist zunächst zu differenzieren, ob man

- die aktuelle wirtschaftliche Situation analysieren
- die wirtschaftliche Entwicklung einer vergangenen Periode beurteilen
- oder die zukünftige wirtschaftliche Entwicklung prognostizieren will.

Denn je nach Zeitraum der Betrachtung benötigt man Präsens-, Spät- oder Frühindikatoren.

Eine besondere Bedeutung haben sicherlich die Frühindikatoren, weil sie auch als Basis für wirtschaftspolitische und betriebswirtschaftliche Entscheidungen dienen.

Beispiel:
Die Marktforschungsabteilung des Maschinenbauunternehmens benötigt Prognosedaten zur wirtschaftlichen Entwicklung in der Industrie für das nächste Geschäftsjahr.

Frühindikator „Auftragseingang“

Ein relativ verlässlicher Frühindikator ist der Auftragseingang, da erhaltene Aufträge im Normalfall zeitlich verzögert zu Produktion und zu Umsätzen führen.

Volumenindex des Auftragseingangs
Verarbeitendes Gewerbe insgesamt
2015 = 100
Originalwert und Trend-Konjunktur-Komponente (BV4.1)

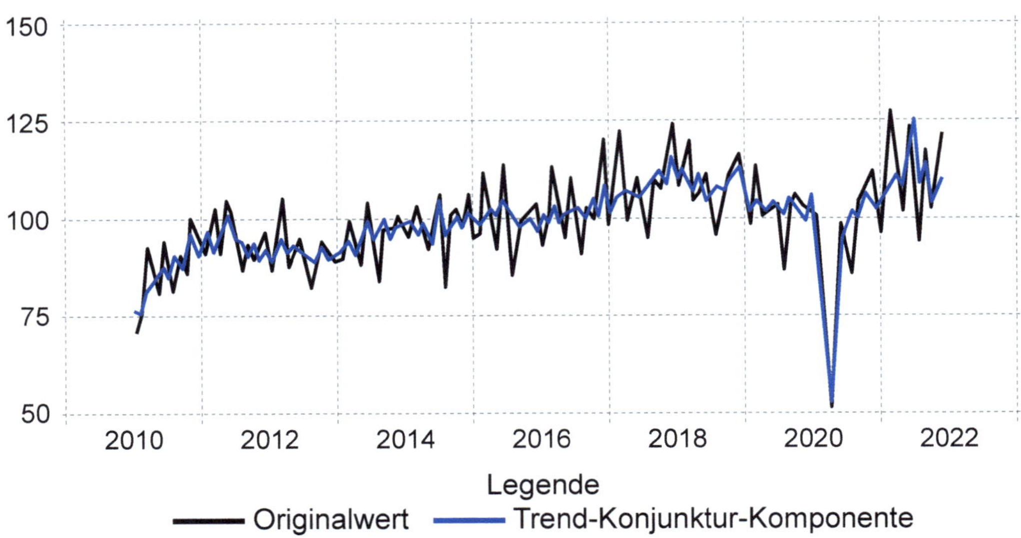

Quelle: Statistisches Bundesamt (Destatis) 2022

Aus dem Diagramm lässt sich erkennen, dass der Aufragseingang starken jahreszeitlichen Schwankungen unterliegt. Dem starken pandemiebedingten Einbruch im Frühjahr 2020 folgte anschießend wieder ein rapider Anstieg des Auftragseingangs. Aufgrund des Kriegs in der Ukraine ist der steigende Trend zunächst unterbrochen.

Schwächen des Frühindikators „Auftragseingang":

- Ein Auftragseingang kann nur für bestimmte Wirtschaftszweige (v. a. Industrie) sinnvoll ermittelt werden. Für andere Branchen (z. B. Einzelhandel oder Banken) ist der Auftragseingang keine besonders geeignete Größe.
- Der Aufragseingang ist keine hundertprozentige Garantie dafür, dass die Aufträge auch tatsächlich zur Ausführung kommen. Im Falle einer Wirtschaftskrise werden erfahrungsgemäß viele Aufträge wieder storniert.

Frühindikator „Ifo Geschäftsklimaindex"

Zu den bekanntesten Umfrageindikatoren, welche die konjunkturelle Entwicklung prognostizieren, zählt der Geschäftsklimaindex des Instituts für Wirtschaftsforschung in München (Ifo).

Das Ifo Geschäftsklima basiert auf ca. 7.000 monatlichen Meldungen von Unternehmen des Verarbeitenden Gewerbes, des Bauhauptgewerbes, des Großhandels und des Einzelhandels. Die Unternehmen werden gebeten, ihre gegenwärtige Geschäftslage zu beurteilen und ihre Erwartungen für die nächsten sechs Monate mitzuteilen.

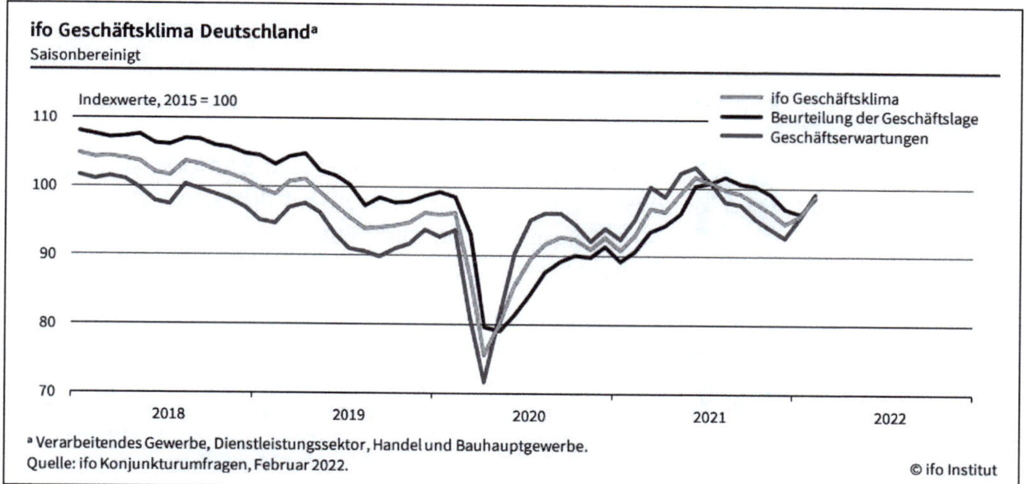

Das Ifo Geschäftsklima bildet den Mittelwert aus der Beurteilung der aktuellen Geschäftslage und den Geschäftserwartungen (für die nächsten sechs Monate).

Neben dem gerade abgebildeten Index gibt es auch spezielle Branchenindizes (z. B. nur für das verarbeitende Gewerbe):

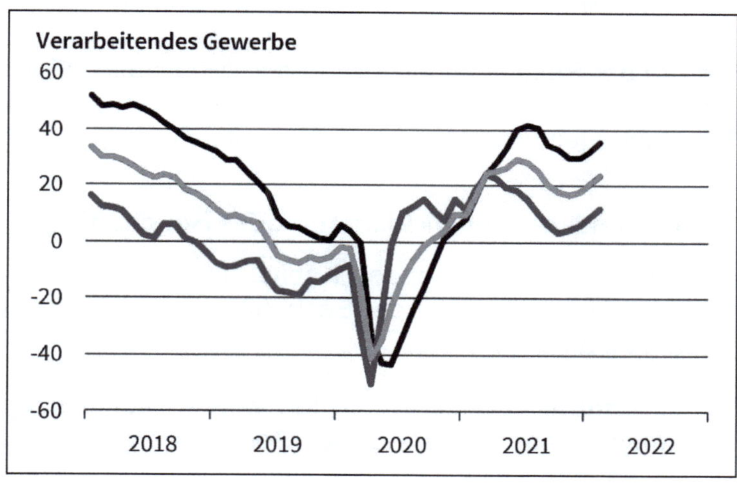

In den letzten beiden Jahren des Berichtszeitraums sind die Erwartungen im Hinblick auf die zukünftige wirtschaftliche Entwicklung leicht gestiegen.

Schwächen des Frühindikators „Geschäftsklimaindex“:

- Der Index beruht auf subjektiven Einschätzungen und weniger auf objektiv nachvollziehbaren Geschäftszahlen.
- Es wird nur ein Teil aller Unternehmen in die Umfrage einbezogen.

Aktienkurse als Indikator?

Mitunter können auch Aktienkurse als Frühindikator angesehen werden, da zukünftige Geschäftserwartungen oft schon in den Kurs „eingepreist" werden.

Allerdings können auf dem Aktienmarkt psychologische und spekulative Faktoren erheblichen Einfluss auf die Kursentwicklung nehmen, sodass die Kurse nicht selten losgelöst von der realwirtschaftlichen Entwicklung sind.

In der Realität gibt es wahrscheinlich keinen einzelnen Indikator, welcher die wirtschaftliche Lage allein abbilden oder prognostizieren kann. Aussagekräftiger ist die Kombination verschiedener Indikatoren zu einem Gesamtbild.

D Durch welche Maßnahmen kann der Staat die Konjunktur beeinflussen?

1. Nachfrageorientierte oder angebotsorientierte Wirtschaftspolitik?

- Im Falle einer angebotsorientierten Wirtschaftspolitik hätte der Staat in erster Linie die Geldpolitik als Mittel zur Verfügung.
- Verfolgt der Staat eine nachfrageorientierte Wirtschaftspolitik, wird er versuchen, die Konjunktur aktiv über seine Einnahmen und Ausgaben zu steuern.

In der Realität finden sich in der Wirtschaftspolitik von Bund und Ländern Elemente des nachfrageorientierten Ansatzes. Die Geldpolitik hingegen wird durch die EZB bestimmt.

2. Fiskal-, Geld-, Außenwirtschafts- oder Beschäftigungspolitik?

Hier sei auf die entsprechenden Kapitel II.3 - II.5 verwiesen, in denen diese Instrumente (mit Ausnahme der Beschäftigungspolitik) noch detaillierter unter die Lupe genommen werden.

„Konjunkturpakete": Selten werden konjunkturpolitische Maßnahmen nur aus einem dieser Bereiche ergriffen. Meist beschließt der Staat ein Bündel von Maßnahmen, das im Zusammenwirken zum Erreichen der konjunkturellen Ziele führen soll.

Beispiel: „Konjunkturpaket I"

Im November 2008 beschloss die Bundesregierung das Maßnahmenpaket „Beschäftigungssicherung durch Wachstumsstärkung", auch „Konjunkturpaket I" genannt. Mit folgendem Ziel: *„In Anbetracht der weltweiten Konjunkturabschwächung als Folge der ernsten Krise auf den globalen Finanzmärkten sieht die Bundesregierung es als vorrangige Aufgabe an, Beschäftigung auch weiterhin zu sichern."* (Bundesministerium für Wirtschaft und Technologie, Pressemitteilung vom 5.11.2008)

Es enthält u. a. folgende Maßnahmen:

- Einführung der degressiven Abschreibung für bewegliche Wirtschaftsgüter des Anlagevermögens in Höhe von 25 % für zwei Jahre
- Kfz-Steuer-Befreiung für ein Jahr für alle Neuwagenkäufe

- erhöhte steuerliche Absetzbarkeit von Handwerkerleistungen für private Haushalte
- beschleunigte Umsetzung dringlicher Verkehrsinvestitionen mit staatlicher Förderung durch den Bund
- Verlängerung der Bezugsdauer von Kurzarbeitergeld von bisher 12 Monate auf 18 Monate befristet auf ein Jahr
- Ausbau des Sonderprogramms für ältere und gering qualifizierte Arbeitnehmer (Lohnkostenzuschüsse und Qualifizierungsmaßnahmen).

Zinssenkung durch die EZB:

Parallel dazu senkte die EZB im Zeitraum von September 2008 bis Juli 2009 den Leitzinssatz von 4,75 % auf 1 %. (Quelle: www.bundesbank.de)

Geplante Wirkung der Maßnahmen:

Die eben dargestellten Maßnahmen haben folgende Ziele:

⇒ Wirtschaftswachstum ankurbeln
⇒ Beschäftigung sichern.

Die Maßnahmen sind relativ breit gestreut, da sie

- sowohl Haushalte als auch Unternehmen begünstigen
- verschiedene Wirtschaftsbereiche (Kfz-Industrie, Handwerk, Baugewerbe etc.) betreffen
- fiskal-, beschäftigungspolitische und geldpolitische Instrumente enthalten.

Fiskalpolitische Maßnahmen:

- Steuererleichterungen für die Haushalte (Kfz-Steuer, absetzbare Handwerkerleistungen) sollen die Haushalte über ein höheres verfügbares Einkommen zu höheren Konsumausgaben bewegen, insbesondere zum Kauf von Autos und Vergabe von Aufträgen an Handwerker.
- Die befristete Wiedereinführung der degressiven Abschreibung soll einen Investitionsanreiz für Unternehmen schaffen, da sie sich durch höhere Abschreibungsbeträge in den nächsten Jahren Steuern sparen können.
- Die finanzielle Förderung dringlicher Verkehrsinvestitionen (z. B. im Straßenbau) durch den Bund soll vor allem der Baubranche Aufträge verschaffen.

Beschäftigungspolitische Maßnahmen:

- Die Verlängerung des Kurzarbeitergeldes soll helfen, Entlassungen zu vermeiden.
- Das Sonderprogramm für ältere und gering qualifizierte Arbeitnehmer soll die Beschäftigungschancen für diese Personengruppen erhöhen.

Geldpolitische Maßnahmen:

Die EZB fördert mit ihrer Zinssenkungspolitik Wirtschaftswachstum und Beschäftigung. Die Leitzinssenkung soll zu niedrigeren Kreditzinsen auf dem Geldmarkt führen und somit die Kreditaufnahme für Investitions- und Konsumzwecke vergünstigen.

Fazit: Beim Konjunkturpaket I und der flankierenden Geldpolitik der EZB handelt es sich um ein Bündel aufeinander abgestimmter Maßnahmen zur Ankurbelung der Wirtschaft.

Kritik am „Konjunkturpaket I":

- Viele Maßnahmen werden durch erhöhte Staatsausgaben finanziert.
- Die Steuererleichterungen führen zu Mindereinnahmen im Staatshaushalt.

⇒ Die ohnehin schon relativ hohe Staatsverschuldung steigt weiter an.

3. Konjunkturpolitik oder Strukturpolitik?

Konjunkturpolitische Maßnahmen zielen auf eine Glättung mittelfristiger Wirtschaftsschwankungen ab. Sie sind daher oft zeitlich befristet (meist auf wenige Jahre).

Maßnahmen, die auf eine grundlegende und langfristige Änderung wirtschaftlicher Strukturen abzielen, gehören nicht zur Konjunktur- sondern zur **Strukturpolitik**.

Beispiel:

Eine grundlegende Reform des Sozialversicherungssystems dient nicht der Glättung einer konjunkturellen Schwankung, sondern der Verbesserung wirtschaftlicher bzw. sozialer Strukturen.

So trainiere ich für die Prüfung

Aufgaben

1. Wissensfragen

1.1 Lernfragen

1. Zählen Sie die verschiedenen Konjunkturphasen auf.

2. Erläutern Sie, was man unter einem Konjunkturindikator versteht und geben Sie vier Beispiele für wichtige Konjunkturindikatoren an.

3. Nennen Sie drei mögliche Arten von Wirtschaftsschwankungen, die regelmäßig wiederkehren, und erklären Sie kurz den Unterschied.

4. Erklären Sie, was man unter antizyklischer Fiskalpolitik versteht, und nennen Sie je zwei Maßnahmen, mit denen der Staat in der Hochkonjunktur bzw. in der Rezession die Konjunktur beeinflussen kann.

5. Erklären Sie den Begriff „deficit spending".

6. Führen Sie jeweils eine mögliche Maßnahme aus dem Bereich der Geld-, Außenwirtschafts- und Beschäftigungspolitik zur Belebung der Konjunktur an.

7. Nennen Sie zwei Institutionen, die Konjunkturdaten zur deutschen Wirtschaft zur Verfügung stellen.

1.2 Mehrfachauswahl

1. Bestimmen Sie die Konjunkturindikatoren, die als relativ verlässliche Frühindikatoren für den Konjunkturverlauf von besonderer Bedeutung sind.

a) Außenbeitrag
b) Auftragseingänge in der Industrie
c) Inflationsrate
d) Wirtschaftswachstum
e) Arbeitslosenquote
f) Ifo-Geschäftsklimaindex
g) Kapazitätsauslastung
h) Einzelhandelsumsatz
i) Baugenehmigungen
j) Lohnentwicklung des verarbeitenden Gewerbes
k) Steuereinnahmen des Staates

2. Ordnen Sie den folgenden Aussagen die Begriffe „strukturelle Schwankungen" (1), „konjunkturelle Schwankungen" (2) und „saisonale Schwankungen" (3) zu:

a) Kurzfristige Schwankungen der Konjunktur können durch jahreszeitlich bedingten Klimawechsel verursacht werden.
b) Es gibt lange Wellen, die einen Konjunkturzyklus von 50 bis 60 Jahren zeigen.
c) Auch innerhalb eines Jahres kommt es zu Wirtschaftsschwankungen.
d) Mittelfristige Schwankungen haben eine Zyklusdauer von drei bis fünf Jahren.
e) Der Nationalökonom Kondratieff hat technische Neuerungen als Ursache für Schwankungen der Konjunktur gesehen.

3. Die folgenden Konjunkturindikatoren kennzeichnen die wirtschaftliche Lage einer Volkswirtschaft:

- Kapazitätsauslastung: steigend
- Zinssätze: noch niedrig
- Löhne: mäßige Lohnerhöhungen
- Ertragslage der Unternehmen: steigend.

In welcher Konjunkturphase befindet sich die Volkswirtschaft?

a) Rezession
b) Depression
c) Aufschwung
d) Boom
e) Abschwung

4. Welche der folgenden Maßnahmen einer antizyklischen Fiskalpolitik tragen zu einer Konjunkturdämpfung bei?

a) Die Möglichkeiten zur Abschreibung von Industriegebäuden werden verbessert.
b) Der Staat vergibt vermehrt Bauaufträge.
c) Die Zahlung von staatlichen Sparprämien wird eingeschränkt.
d) Die Bundesregierung bildet eine Konjunkturausgleichsrücklage.
e) Staatliche Subventionen an Industriebetriebe werden abgebaut.
f) Der Staat senkt die Körperschaftsteuer befristet.

5. Welche der folgenden Maßnahmen passen zum Konzept einer nachfrageorientierten Wirtschaftspolitik?

a) Durch die Förderung des Wettbewerbs sollen die Marktkräfte gestärkt werden.
b) Eine produktivitätsorientierte Lohnpolitik soll die Stabilität der Währung und damit das mittelfristige Wachstum sichern.
c) Durch staatliche Sozialleistungen wird der Konsum gefördert und damit das gesamtwirtschaftliche Wachstum.
d) Durch „deficit spending" kann die staatliche Nachfrage und damit auch die Konjunktur gefördert werden.
e) Eine innovationsfreundliche Industriepolitik soll die zukünftigen Wachstumschancen verbessern.
f) Eine notwendige Konjunktursteuerung sollte primär über die Geldpolitik erfolgen.

6. Das folgende Schaubild zeigt einen Konjunkturzyklus. Ordnen Sie den Konjunkturphasen die folgenden Begriffe zu: Aufschwung, Boom, Rezession, Depression

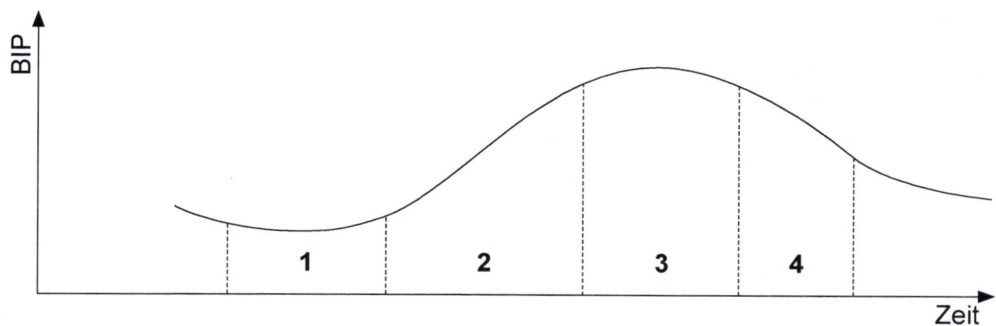

7. Bei ihrer Absatzprognose für das neue Geschäftsjahr berücksichtigt die Büromöbel AG die zu erwartende Konjunkturentwicklung. Die nachfolgenden Daten eines Wirtschaftsinstituts liegen zur Auswertung vor:

	1. Quartal	2. Quartal	3. Quartal
Auftragseingang (Jahr 01 = 100) in %	121	118	112
Produktion (Jahr 01 = 100) in %	116	113	109
Arbeitslose (Anzahl in 1.000)	4.027	4.097	4.150
Offene Stellen (Anzahl in 1.000)	471	445	409

Jahr 01 = 100 bedeutet, dass die Indizes für den Auftragseingang und die Produktion auf das Basisjahr 01 bezogen sind.

Auf welche Konjunkturlage weisen die Indikatoren hin?

a) Auf einen ansteigenden Trend
b) Auf einen Boom
c) Auf eine Rezession
d) Auf eine Expansion
e) Auf einen Aufschwung

8. Entscheiden Sie, welche der folgenden konjunkturpolitischen Maßnahmen der Staat in der Abschwungphase einsetzen kann, um die gesamtwirtschaftliche Nachfrage zu beleben.

a) Aussetzung der degressiven Abschreibung
b) Gewährung von Investitionsprämien
c) Erhöhung der Einkommensteuervorauszahlungen
d) Bildung einer Konjunkturausgleichsrücklage
e) Schuldentilgung des Staates bei der Bundesrepublik Deutschland Finanzagentur GmbH
f) Zeitlich befristete Herabsetzung der Einkommensteuer um 5 %
g) Langfristige Erhöhung der Subventionen für die Stahlindustrie
h) Beschleunigung der Planung öffentlicher Investitionsvorhaben

9. Bund, Länder und Gemeinden wollen einer Konjunkturüberhitzung entgegenwirken. Geben Sie die Kennziffer an, unter der die entsprechende Handhabung der finanzpolitischen Instrumente durchgehend richtig dargestellt ist.

	Steuersätze	Abschreibungs-sätze	Konjunktur-ausgleichsrücklage	Volumen öffentlicher Investitionen
a	erhöhen	senken	erhöhen	erhöhen
b	erhöhen	senken	senken	senken
c	erhöhen	senken	erhöhen	senken
d	senken	senken	erhöhen	senken
e	senken	erhöhen	erhöhen	senken
f	erhöhen	erhöhen	erhöhen	senken

10. Mithilfe konjunkturpolitischer Maßnahmen versucht die Bundesregierung, bestimmte Ziele zu erreichen.

Ziele:

1. Preisstabilisierung bei einer inflationären Entwicklung
2. Überwindung einer Rezession
3. Konjunkturdämpfung
4. Geringere Arbeitslosigkeit

Maßnahmen:

1. Abbau der Sparförderung
2. Gewährung von Steuervergünstigungen und Investitionsprämien
3. Gewährung von Sonderabschreibungen
4. Besteuerung der Investitionen

Prüfen Sie, welches Ziel die Bundesregierung mit welcher Maßnahme erreichen kann.

a) Ziel 1 durch Maßnahme 1
b) Ziel 2 durch Maßnahme 2
c) Ziel 3 durch Maßnahme 3
d) Ziel 3 durch Maßnahme 2
e) Ziel 4 durch Maßnahme 4

11. Die bestimmte Entwicklung einzelner Konjunkturindikatoren wird mit den verschiedenen Konjunkturphasen verbunden. Ordnen Sie die Entwicklung der Konjunkturindikatoren den einzelnen Konjunkturphasen zu.

Konjunkturphasen:

[1] Aufschwung
[2] Boom (Hochphase)
[3] Abschwung
[4] Depression (Tiefstand)

Konjunkturindikatoren	Konjunkturphasen
a) Die Gewinnerwartung der Unternehmen sinkt aufgrund hoher Arbeitnehmerentgelte und Zinsen, die Arbeitslosenquote und die Zahl der Insolvenzen steigen an.	
b) In der Wirtschaft ist ein leichter Rückgang der Arbeitslosenquote festzustellen; zudem stellt sich die Kostensituation für die Unternehmen z. B. aufgrund niedriger Finanzierungskosten günstig dar.	
c) Eine rückläufige Investitionsgüternachfrage führt zu Produktionseinschränkungen und zunehmender Arbeitslosigkeit.	

d) Die Produktionskapazitäten der Unternehmen sind voll ausgelastet; eine gleichzeitig hohe Konsumgüternachfrage sowohl aus dem Inland als auch aus dem Ausland führt zu relativ hohen Preissteigerungen.	
e) Es besteht hohe Arbeitslosigkeit aufgrund der Auftragsflaute und der dadurch nicht ausgelasteten Kapazitäten.	
f) Eine zunehmende Kapazitätsauslastung und eine dadurch steigende Produktion führen zu sinkenden Stückkosten bei den Unternehmen.	

12. Welche der folgenden Aussagen lassen sich dem vorliegenden Schaubild entnehmen?

a) Die deutsche Wirtschaft ist gemessen am realen BIP gegenüber dem Ausgangsjahr 1951 geschrumpft.

b) Das höchste Preisniveau des Berichtszeitraumes weist das Jahr 1951 auf.

c) Da der Berichtszeitraum über 50 Jahre beträgt, werden ausschließlich strukturelle Wirtschaftsschwankungen abgebildet.

d) Seit 1951 ist die Wirtschaft gemessen am realen BIP stetig gewachsen.

e) Das preisbereinigte BIP war im Jahr 2000 höher als im Jahr 1990.

f) In keinem anderen aufgeführten Jahr war die Zahl der Erwerbstätigen höher als im Jahr 1960.

g) Im abgebildeten Zeitraum sind die Verbraucherpreise nach 1980 nicht immer gestiegen.

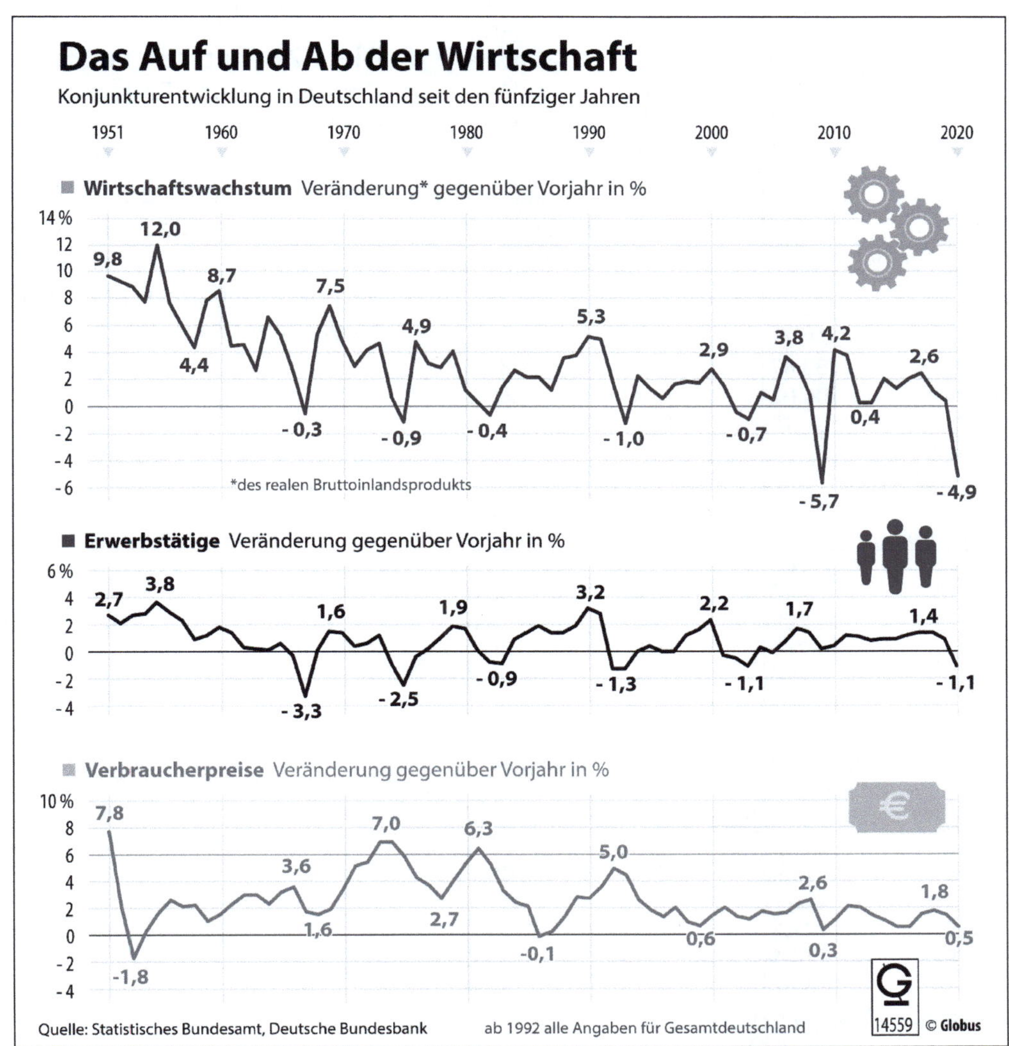

2. Fallsituationen

2.1 Fall 1

Ihnen liegt folgende Statistik aus dem Monatsbericht Januar 2022 der Deutschen Bundesbank vor.

Zur Wirtschaftslage in Deutschland*)

saison- und kalenderbereinigt

Zeit		Auftragseingang (Volumen); 2015 = 100			
		Industrie			Bauhauptgewerbe
		insgesamt	davon: Inland	Ausland	
2021	1. VJ.	109,1	102,4	114,0	124,9
	2. VJ.	112,7	108,6	115,8	120,1
	3. VJ.	114,0	105,0	120,8	128,0
	Sept.	111,8	98,0	122,3	136,0
	Okt.	105,3	101,3	108,4	127,6
	Nov.	109,2	98,8	117,1	...
		Produktion; 2015 = 100			
		Industrie			
		insgesamt	darunter: Vorleistungsgüterproduzenten	Investitionsgüterproduzenten	Baugewerbe
2021	1. VJ.	96,4	102,9	90,6	113,7
	2. VJ.	95,3	104,0	87,0	116,7
	3. VJ.	93,1	100,9	83,5	114,6
	Sept.	90,9	99,2	80,5	115,3
	Okt.	93,7	99,3	86,4	116,1
	Nov.	93,9	100,1	85,9	115,2
		Außenhandel; Mrd. €			nachr.:
		Ausfuhr	Einfuhr	Saldo	Leistungsbilanzsaldo; Mrd. €
2021	1. VJ.	331,51	277,80	53,71	69,52
	2. VJ.	337,63	294,80	42,83	65,75
	3. VJ.	339,55	295,77	43,78	61,75
	Sept.	112,37	99,47	12,90	18,17
	Okt.	117,04	104,63	12,41	18,72
	Nov.	119,01	108,10	10,91	17,21
		Arbeitsmarkt			
		Erwerbstätige	Offene Stellen[1]	Arbeitslose	Arbeitslosenquote in %
		Anzahl in 1000			
2021	2. VJ.	44807	662	2716	5,9
	3. VJ.	44992	748	2542	5,5
	4. VJ.	...	798	2432	5,3
	Okt.	45070	781	2463	5,4
	Nov.	45113	796	2428	5,3
	Dez.	...	817	2405	5,2
		Preise; 2015 = 100			
		Einfuhrpreise	Erzeugerpreise gewerblicher Produkte	Baupreise[2]	Harmonisierte Verbraucherpreise
2021	2. VJ.	106,5	110,2	125,1	108,6
	3. VJ.	112,5	115,9	129,4	109,7
	4. VJ.	...	125,7	132,2	111,1
	Okt.	118,5	122,9	-	110,6
	Nov.	121,9	124,1	-	111,2
	Dez.	...	130,2	-	111,4

*) Erläuterungen siehe: Statistischer Teil, XI, und Statistische Fachreihe Saisonbereinigte Wirtschaftszahlen. **1** Ohne geförderte Stellen und ohne Saisonstellen. **2** Nicht saison- und kalenderbereinigt.

Deutsche Bundesbank

a) Führen Sie daraus eine Kennzahl an, die Sie als Frühindikator der wirtschaftlichen Entwicklung heranziehen würden. Begründen Sie Ihre Wahl.

b) Nennen Sie einen weiteren Frühindikator für das Baugewerbe, der in der vorliegenden Statistik nicht aufgeführt ist.

c) In welcher Konjunkturphase befindet sich die deutsche Wirtschaft in den letzten Monaten des Jahres 2021? Suchen Sie nach möglichen Anhaltspunkten in der Statistik und begründen Sie Ihre Einschätzung.

d) Die EZB hat die Leitzinsen im Zeitraum von Dezember 2011 bis September 2019 von 1 % auf 0,00 % gesenkt. Erläutern Sie, welche konjunkturelle Wirkung diese Maßnahme im Idealfall entfaltet und beurteilen Sie die Maßnahme im Hinblick auf die Preisniveaustabilität.

2.2 Fall 2

Nach der Finanzmarktkrise zeichnete sich im Jahr 2009 eine Rezession ab. Um diese abzumildern, beschloss die Bundesregierung 2009 das sogenannte „Konjunkturpaket II". Wichtige Maßnahmen waren dabei u.a.

- ein Programm für öffentliche Investitionen in Infrastruktur
- die Senkung der Beitragssätze zur Arbeitslosenversicherung und zur Krankenversicherung
- die Verringerung des Eingangssteuersatzes und die Erhöhung des Grundfreibetrags beim Einkommensteuertarif und
- die befristete Einführung einer Umweltprämie für Pkw-Käufe für private Autohalter. Diese konnten die Prämie beantragen, wenn ein mindestens neun Jahre altes Altfahrzeug, das für mindestens ein Jahr auf den Halter zugelassen war, verschrottet und gleichzeitig ein umweltfreundlicher Neu- oder Jahreswagen gekauft und zugelassen wurde. Die Umweltprämie betrug 2.500 € und wurde für Zulassungen bis zum 31.12.2009 gewährt.

Im Juli 2016 hat die Bundesregierung erstmalig die Einführung einer Kaufprämie für Elektroautos eingeführt. Damals lag die Höhe bei 4.000 €. Aktuell kann der Käufer eines Elektrofahrzeugs bis zu 9.000 € Förderung erhalten. Ziel des sogenannten „Umweltbonus" und der Innovationsprämie ist es, die Nachfrage nach elektronisch betriebenen Fahrzeugen anzukurbeln. Das von der Regierung selbst gesteckte Ziel, dass im Jahr 2030 sieben bis zehn Millionen Elektrofahrzeuge in Deutschland zugelassen sein sollen, liegt aktuell noch in weiter Ferne. Elektroautos machten im Oktober 2021 nur 1,1 Prozent aller in Deutschland zugelassenen Fahrzeuge aus, bei Hybridautos waren es 3,1 %.

a) Vergleichen Sie die „Umweltprämie" und den „Umweltbonus" und begründen Sie, ob es sich bei der jeweiligen Maßnahme um eine konjunkturpolitische oder eine strukturelle Maßnahme der Wirtschaftspolitik handelt.

b) Nennen Sie einen Indikator, mithilfe dessen man speziell die Wirksamkeit der o. g. Umweltprämie bzw. des Umweltbonus messen kann.

c) Beurteilen Sie die oben genannten Maßnahmen kritisch aus wirtschaftspolitischer Sicht.

Lösungen

1. Wissensfragen

1.1 Lernfragen

1. Aufschwung (Expansion), Hochkonjunktur (Boom), Abschwung (Rezession) und Tiefstand (Depression)

2. Ein Konjunkturindikator ist eine Messgröße, an der man erkennen kann, in welcher Konjunkturphase sich eine Volkswirtschaft befindet. Es werden Früh-, Gegenwarts- und Spätindikatoren unterschieden.

Beispiele: Auftragseingänge, Inflationsrate, Wirtschaftswachstum, Anzahl der Erwerbstätigen

3. • strukturelle Schwankungen (Kondratieff-Wellen)
langfristige wirtschaftliche Schwankungen (ca. 50 - 60 Jahre) durch grundlegende technologische Neuerungen

- konjunkturelle Schwankungen
  mittelfristige Wirtschaftsschwankungen (ca. 4 Jahre), bestehend aus vier Konjunkturphasen eines Konjunkturzyklusses, der eine Zeitspanne zwischen zwei Tiefpunkten beschreibt

- saisonale Schwankungen
  kurzfristige Schwankungen, die jahreszeitlich bedingt sind und meist nur bestimmte Branchen betreffen

4. Fiskalpolitik heißt, der Staat beeinflusst durch seine Haushaltspolitik, d. h. durch die Veränderung seiner Staatseinnahmen und -ausgaben, die gesamtwirtschaftliche Nachfrage.

Da der Staat mit seiner Fiskalpolitik Ausschläge im Konjunkturzyklus abschwächen will, versucht er durch eine dem Konjunkturzyklus entgegenwirkende Einnahmen- und Ausgabenpolitik einen stabilen Wirtschaftsablauf zu gewährleisten.

In der Hochkonjunktur kann er z. B.

- Einnahmenüberschüsse zur Bildung einer Konjunkturausgleichsrücklage verwenden
- die Steuern zur Dämpfung der Nachfrage erhöhen.

In der Rezession wird er z. B.

- zusätzliche Staatsaufträge vornehmen
- die Steuern senken, um die Nachfrage anzuregen.

5. Wenn der Staat Kredite aufnimmt, um durch zusätzliche Ausgaben die Nachfrage zu beleben, spricht man von „deficit spending".

6. Geldpolitik: z. B. Leitzinssenkung
Beschäftigungspolitik: z. B. Qualifizierungsmaßnahmen
Außenwirtschaftspolitik: z. B. staatliche Exportkreditversicherungen

7. Z. B. Statistisches Bundesamt, Deutsche Bundesbank

1.2 Mehrfachauswahl

1. b, f, i

Diese Indikatoren ermöglichen Vorhersagen zur wirtschaftlichen Entwicklung.

2. Strukturelle Schwankungen (1): b, e
Konjunkturelle Schwankungen (2): d
Saisonale Schwankungen (3): a, c

3. c

Alle vier Indikatoren deuten auf eine Expansion hin.

4. d, e

Aufgrund einer Konjunkturausgleichsrücklage und Subventionsabbau gibt der Staat weniger Geld aus und drosselt somit die staatliche Nachfrage bzw. die Unterstützung der Unternehmen.

5. c, d

Nachfrageorientierte Konjunkturpolitik zielt auf die Ein- und Ausgabenpolitik des Staates ab. a), b), e) und f) sind Maßnahmen der angebotsorientierten Konjunkturpolitik.

6. 1 = Depression
2 = Aufschwung (Expansion)
3 = Boom
4 = Rezession (Abschwung)

7. c

Rückläufige Auftragseingänge, rückläufige Produktion, steigende Arbeitslosigkeit und weniger offene Stellen deuten auf einen gesamtwirtschaftlichen Abschwung hin.

8. b, f, h

zu g) Langfristige Subventionszahlungen für einen Wirtschaftszweig sind keine konjunkturpolitischen, sondern strukturpolitische Maßnahmen.

9. c

Durch Steuererhöhungen steht den privaten Haushalten weniger Geld für Ausgaben zur Verfügung; verschlechterte Abschreibungsmöglichkeiten lassen Unternehmen weniger investieren und durch eine höhere Konjunkturausgleichsrücklage drosselt der Staat seine Ausgaben zusätzlich zur Senkung der öffentlichen Investitionen.

10. b

Durch diese Maßnahmen versucht der Staat die Nachfrage der Konsumenten und der Unternehmen zu beleben.

11. a) 3, b) 1, c) 3, d) 2, e) 4, f) 1

12. e, g

e) Die Wachstumsrate ist zwar im Jahr 2000 geringer als im Jahr 1990, aber absolut gesehen ist das BIP im Jahr 2000 aufgrund der jährlichen Zuwächse höher.
g) Im Diagramm ist nach 1980 einmal eine Abnahme von 0,1 % zu verzeichnen.

2. Fallsituationen

2.1 Fall 1

a) Der Auftragseingang (Industrie, Bauhauptgewerbe) dient als Frühindikator. Die eingehenden Aufträge führen zeitlich verzögert zu mehr Produktion, Beschäftigung und Umsatz.

C

C

b) Z. B. Anzahl der erteilten Baugenehmigungen

c) Die Zahlen der Statistik zeigen, dass die deutsche Wirtschaft moderat wächst. Die Industrieproduktion hat im zweiten Halbjahr 2021 eine Abschwächung erfahren, aber die Auftragseingänge deuten auf eine leichte Belebung hin. Die Anzahl der Erwerbstätigen und der offenen Stellen hat leicht zugenommen, die Zahl der Arbeitslosen ist weiter leicht rückläufig, sodass die Situation am Arbeitsmarkt weiter positiv zu beurteilen ist.

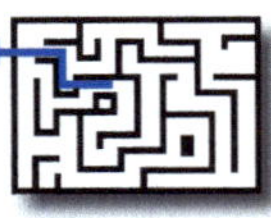

D

d) Die Leitzinssenkung soll zur Belebung der Wirtschaft beitragen, indem die Banken die niedrigeren Zinsen an die Unternehmen und Haushalte weitergeben. Für diese erhöht sich dann der Anreiz, kreditfinanzierte Investitionen und Konsumausgaben zu tätigen, wodurch die gesamtwirtschaftliche Nachfrage steigt. Eine Zinssenkung birgt grundsätzlich eine Inflationsgefahr. Aktuell steigen die Preise vor allem aufgrund des Anstiegs bei den Rohöl- und Energiepreisen und den Einfuhrpreisen.

2.2 Fall 2

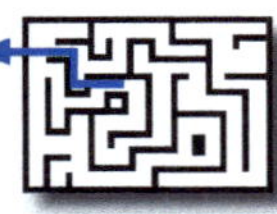

A, D

a) Die „Umweltprämie" stellt keine tiefgreifende und dauerhafte Veränderung wirtschaftlicher Strukturen dar. Sie ist eine zeitlich befristete Maßnahme. Zusammen mit den anderen Maßnahmen des Konjunkturpakts II sollte sie der schrumpfenden Wirtschaft Wachstumsimpulse geben.
Der „Umweltbonus" hingegen zielt darauf ab, die Entwicklung auf dem Markt für Elektromobilität zu beschleunigen und die elektrische Mobilität voranzutreiben. Da dies darauf ausgerichtet ist, dauerhafte und tiefgreifende Veränderungen herbeizuführen, handelt es sich eher um eine strukturelle Maßnahme. Durch die zusätzliche Einführung der Innovationsprämie wurde der staatliche Anteil weiter ausgebaut, um den Kauf noch attraktiver zu machen.

C

b) Z. B. Kfz-Neuzulassungen

D

c) Neben positiven Effekten für die Nachfrage sind einige Nachteile zu bedenken:

- Die Maßnahmen sind mit erhöhten Staatsausgaben bzw. Steuereinbußen verbunden.
- Einmalige Zahlungen bewirken eher nur ein kurzfristiges „Strohfeuer", mittel- und langfristig können sie die Situation eher nicht verbessern. Zudem reicht es nicht, nur den „Umweltbonus" zu zahlen, sondern die Rahmenbedingungen müssen verändert werden. So muss der Ausbau der Schnellladesäulen weiter vorangetrieben werden.

3. Steuern und Fiskalpolitik

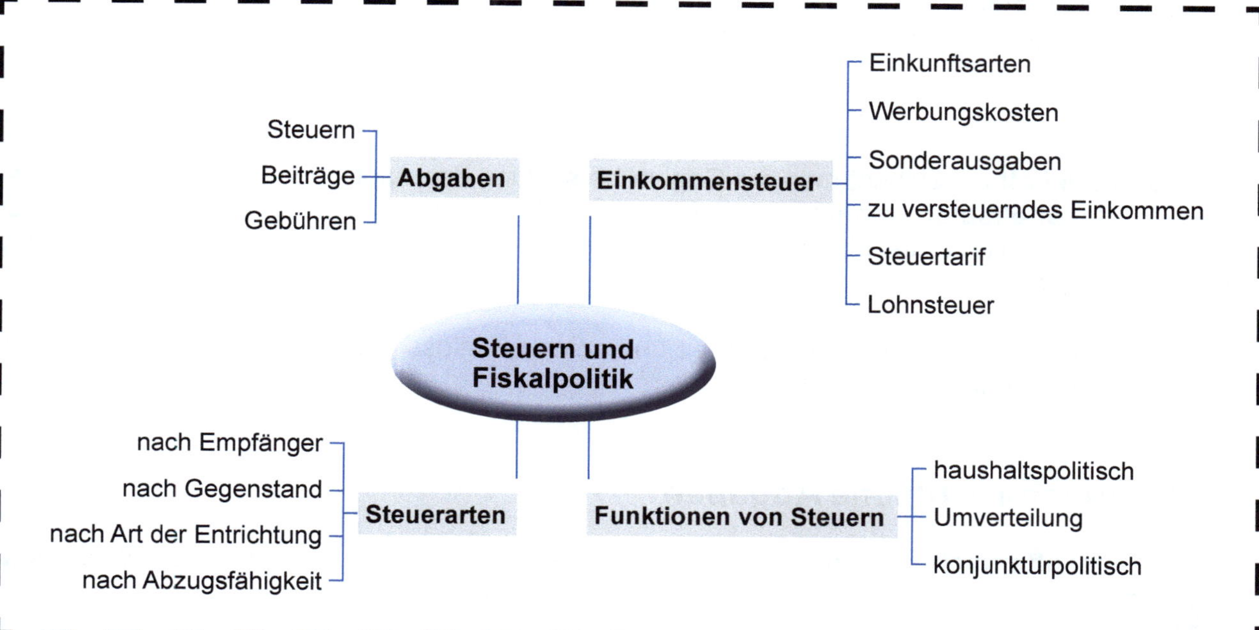

Was muss ich für die Prüfung wissen?

Bereits im Kapitel II.2 wurde die Bedeutung fiskalpolitischer Maßnahmen im Rahmen der Konjunkturpolitik deutlich. Im Folgenden sollen nun die einzelnen Instrumente der Fiskalpolitik, insbesondere die Steuern, näher vorgestellt werden.

3.1 Fiskalpolitik

Die Fiskalpolitik wird durch die Einnahmen und Ausgaben des Staates bestimmt.

Staatseinnahmen sind sämtliche Einnahmen der öffentlichen Hand. Sie setzen sich zusammen aus

- Steuern
- Gebühren
- Sozialversicherungsbeiträgen
- Notenbankgewinnen
- Erwerbseinkünften von staatlichen Unternehmen
- Unternehmensveräußerungen
- Geldstrafen
- etc.

Staatsausgaben sind sämtliche Ausgaben der öffentlichen Hand, dazu gehören beispielsweise

- staatlichen Investitionen
- Vergütung von Staatsbediensteten
- sozialen Leistungen (Kindergeld, Arbeitslosengeld, Renten etc.)
- Subventionen
- etc.

Als **Staatshaushalt** bezeichnet man die Gegenüberstellung der staatlichen Einnahmen und Ausgaben. Im **Haushaltsplan** werden die zu erwartenden Einnahmen und Ausgaben aufgelistet. Für den Bundeshaushalt ist das Finanzministerium zuständig. Er muss vom Deutschen Bundestag genehmigt werden.

Ein Maß für den Umfang der Staatstätigkeit und seinen Einfluss innerhalb einer Volkswirtschaft bildet die **Staatsquote** (vgl. Kapitel I.2).

3.2 Öffentlich-rechtliche Abgaben

Unter **öffentlich-rechtlichen Abgaben** sind Geldleistungen zu verstehen, die Bürger aufgrund von Rechtsvorschriften an den Staat abzuführen haben.

a) Steuern

Steuern sind Geldleistungen, die **keine unmittelbare Gegenleistung** für eine besondere Leistung darstellen und die der Steuerpflichtige zwangsweise an ein öffentlich-rechtliches Gemeinwesen (Bund, Länder, Gemeinden, Kirchen) entrichten muss (§ 3 Abgabenordnung).

Steuern sind die wichtigste Einnahmequelle des Staates, denn ohne diese Gelder könnte er seinen gestalterischen Aufgaben nicht nachkommen. So werden Steuern zur Deckung des Staatshaushalts, aber auch zur Lenkung von Verhaltensweisen oder zur Umverteilung unter dem Aspekt der sozialen Gerechtigkeit erhoben.

Lenkungssteuern sollen beispielsweise gesellschaftlich nicht erwünschte Verhaltensweisen beeinflussen. So wird mit einer hohen Tabaksteuer versucht, das Rauchen einzudämmen, die Alkopop-Steuer soll den Missbrauch durch Jugendliche verhindern.

Der Solidaritätszuschlag und die Steuerprogression bei der Einkommensteuer sind Beispiele für die Umverteilung. Ziel des Solidaritätszuschlags ist die finanzielle Förderung der fünf neuen Länder und damit eine regionale Umverteilung von West nach Ost. Durch die Steuerprogression zahlen Personen mit hohem Einkommen prozentual mehr Steuern als Geringverdiener, die dadurch finanziell entlastet werden.

b) Beiträge

Beiträge dienen der Deckung der Kosten öffentlicher Einrichtungen. Der Beitragspflichtige erwirbt das Recht, die Leistungen dieser Einrichtungen zu nutzen; er muss aber die Beiträge auch dann zahlen, wenn er diese Einrichtung nicht nutzt. Es besteht bei den Beiträgen somit kein unmittelbarer Zusammenhang zwischen Leistung und Gegenleistung, sodass es sich um Abgaben mit Kostenzuschusscharakter handelt.

Beispiele für Beiträge sind Beiträge zu den Sozialversicherungen, IHK-Beiträge, Kurtaxen, Beiträge für die Kanalisation, Straßenreinigung oder Abwasserentsorgung.

c) Gebühren

Gebühren müssen für bestimmte Dienstleistungen öffentlicher Einrichtungen bezahlt werden, sodass diese nur fällig werden, wenn man eine bestimmte Dienstleistung in Anspruch nimmt. Es besteht hier ein unmittelbarer Zusammenhang zwischen Leistung und Gegenleistung. Beispiele für Gebühren sind die Gebühr für die Ausstellung eines Personalausweises, einer Geburts- oder Sterbeurkunde, Kfz-Zulassungs- oder Müllabfuhrgebühr.

3.3 Einteilung der Steuern

Steuern können nach verschiedenen Einteilungskriterien gegliedert werden.

a) Einteilung der Steuern nach dem Steuerempfänger (gemäß Art. 106 GG)

- **Bundessteuern** fließen ausschließlich dem Bund zu (z. B. Tabak-, Kaffee-, Schaumwein-, Energie-, Strom-, Branntwein-, Kraftfahrzeug-, Versicherungsteuer, Zölle).
- **Landessteuern** erhalten ausschließlich die Bundesländer (z. B. Vermögensteuer, Erbschafts-, Schenkungs-, Grunderwerbssteuer, Biersteuer, Abgabe von Spielbanken).
- **Gemeindesteuern** fließen ausschließlich den Kommunen zu (z. B. Gewerbesteuer, Grundsteuer, Hundesteuer).
- **Gemeinschaftssteuern** sind Steuern, die zwischen Bund und Ländern oder dem Bund, Ländern und Gemeinden nach einem festgelegten, sich ändernden Schlüssel aufgeteilt werden (Einkommensteuer, Körperschaftsteuer und Umsatzsteuer).
- **Kirchensteuern** dürfen nur von Religionsgemeinschaften erhoben werden, die Körperschaften des öffentlichen Rechts sind.

b) Einteilung der Steuern nach dem Gegenstand der Besteuerung

Bemessungsgrundlagen für die Steuererhebung sind der Leistungsaustausch auf der Grundlage zivilrechtlicher Rechtsgeschäfte, der Konsum, das Einkommen (Vermögenszuwachs) und das Vermögen (Kapital). Dementsprechend können Steuern nach dem Gegenstand der Besteuerung in Besitzsteuern, Verkehrsteuern und Verbrauchsteuern unterschieden werden.

- **Besitzsteuern** sind zum einen Ertragsteuern, die auf einen Vermögenszuwachs/das Einkommen erhoben werden (z. B. Einkommensteuer, Körperschaftsteuer, Gewerbesteuer), zum anderen Substanzsteuern, die auf das Vermögen bzw. den Besitz von Vermögensgegenständen erhoben werden (z. B. Grundsteuer, Erbschaftsteuer).

  Sie werden weiter unterteilt in:
  - **Personensteuern:** Hier werden die persönlichen Verhältnisse und die Leistungsfähigkeit einer Person zugrunde gelegt (z. B. Einkommensteuer) → Subjektsteuer.
  - **Realsteuern:** Diese sind an den Besitz eines bestimmten Objekts (Grundstück, Gewerbebetrieb) gebunden (z. B. Gewerbesteuer) → Objektsteuer.
- **Verkehrsteuern** werden auf die Teilnahme am Rechts- und Wirtschaftsverkehr erhoben (z. B. den Erwerb von Grundbesitz, dem Abschluss von Versicherungen). Die Umsatzsteuer, Grunderwerbsteuer, Versicherungsteuer, Kfz-Steuer und Lotteriesteuer sind Beispiele für Verkehrsteuern.

- **Verbrauchsteuern** sind Steuern, die auf den Konsum/Verbrauch von bestimmten Gütern erhoben werden (z. B. Energiesteuer, Stromsteuer, Kaffeesteuer, Alkopopsteuer, Biersteuer, Schaumweinsteuer, Tabaksteuer).
- **Zölle** sind Steuern, die bei der Einfuhr von Waren aus dem Ausland und der Ausfuhr von Waren in das Ausland anfallen.

c) Einteilung der Steuern nach der Art der Entrichtung

Nach der Art der Entrichtung können die Steuern in direkte und indirekte Steuern unterteilt werden.

- Bei einer **direkten Steuer** muss die Person, die gesetzlich zur Entrichtung der Steuer verpflichtet ist, sie auch selbst wirtschaftlich tragen. Steuerschuldner (Steuerzahler) und Steuerträger sind also identisch. Das ist z. B. bei der Einkommensteuer, der Körperschaftsteuer, Erbschaftsteuer und Grundsteuer der Fall.
- Bei einer **indirekten Steuer** muss die Person, die die Steuer abführen muss (Steuerzahler), die Steuer nicht selbst wirtschaftlich tragen. Da die Erhebung der Steuer erst beim Verbraucher zu einer unübersehbaren Vielzahl von Steuerschuldnern führen würde, werden diese Steuern aus verwaltungsökonomischen Gründen bei den Unternehmen erhoben. Diese können sie dann auf eine andere Person (z. B. Verbraucher) abwälzen. Zu den indirekten Steuern gehören vor allem die Verbrauch- und Verkehrsteuern (z. B. Umsatzsteuer, Tabaksteuer, Energiesteuer, Versicherungsteuer, Zölle).

d) Einteilung der Steuern nach der Art der Abzugsfähigkeit

Aus betriebswirtschaftlicher Sicht können die Steuern in abzugsfähige und nicht abzugsfähige Steuern eingeteilt werden.

- **Abzugsfähige Steuern** stellen steuerlich „Betriebsausgaben" dar, d. h. sie sind Aufwendungen, die den Gewinn mindern. Da die abzugsfähigen Steuern im Allgemeinen in die Verkaufspreise der Betriebsleistungen einkalkuliert werden, heißen sie auch „Kostensteuern" (z. B. Grundsteuer, Kfz-Steuer für Betriebsfahrzeuge).
- **Nicht abzugsfähige Steuern** sind aus dem Gewinn zu zahlen, d. h. sie stellen steuerlich keine Betriebsausgaben dar (z. B. Körperschaftsteuer der Kapitalgesellschaften).

3.4 Einkommensteuer

a) Einkunftsarten

Nach dem Einkommensteuergesetz (§ 2 EStG) gibt es sieben Einkunftsarten. Demnach unterliegen

1. Einkünfte aus Land- und Forstwirtschaft
2. Einkünfte aus Gewerbebetrieb
3. Einkünfte aus selbstständiger Arbeit
4. Einkünfte aus nichtselbstständiger Arbeit
5. Einkünfte aus Kapitalvermögen
6. Einkünfte aus Vermietung und Verpachtung
7. sonstige Einkünfte im Sinne des § 22

der Einkommensteuer.

1. Einkünfte aus Land- und Forstwirtschaft (§ 13 EStG)

Zu den Einkünften aus Land- und Forstwirtschaft gehören grundsätzlich alle Einkünfte, die mit einem Betrieb der Land- und Forstwirtschaft im Zusammenhang stehen.

2. Einkünfte aus Gewerbebetrieb

Zu den Einkünften aus Gewerbebetrieb gehören alle Einkünfte, die mit einem Gewerbebetrieb im Zusammenhang stehen. Gewerbebetrieb ist gem. § 15 EStG die selbstständige nachhaltige Betätigung, die mit der Absicht, Gewinn zu erzielen, unternommen wird und sich als Beteiligung am allgemeinen wirtschaftlichen Verkehr darstellt.

Gewerbliche Einkünfte erzielen typischerweise Groß- und Einzelhändler, Handwerker, Dienstleister (Handelsvertreter, Handelsmakler) und Unternehmer im produzierenden Gewerbe (Industriebetriebe) sowie in der Gastronomie.

3. Einkünfte aus selbstständiger Arbeit

Einkünfte aus selbstständiger Arbeit sind Einkünfte aus freiberuflicher Tätigkeit. Zu der freiberuflichen Tätigkeit gehören nach § 18 EStG die selbstständig ausgeübte wissenschaftliche, künstlerische, schriftstellerische, unterrichtende oder erzieherische Tätigkeit, die selbstständige Berufstätigkeit der Ärzte, Zahnärzte, Tierärzte, Rechtsanwälte, Notare, Patentanwälte, Vermessungsingenieure, Ingenieure, Architekten, Handelschemiker, Wirtschaftsprüfer, Steuerberater, beratenden Volks- und Betriebswirte, vereidigten Buchprüfer, Steuerbevollmächtigten, Heilpraktiker, Dentisten, Krankengymnasten, Journalisten, Bildberichterstatter, Dolmetscher, Übersetzer, Lotsen und ähnliche Berufe. Hierzu zählen z. B. Hebammen, EDV-Berater, Testamentsvollstrecker, Vermögensverwalter, Aufsichtsratsmitglieder.

Voraussetzung für die selbstständige Arbeit ist, dass die Person aufgrund eigener Fachkenntnisse leitend und eigenverantwortlich tätig wird.

4. Einkünfte aus nichtselbstständiger Arbeit

Einkünfte aus nichtselbstständiger Arbeit können nur Arbeitnehmer im Rahmen eines Dienstverhältnisses beziehen. Arbeitnehmer sind im Unterschied zu selbstständig Tätigen weisungsgebunden. Zu den Einkünften aus nichtselbstständiger Arbeit zählen gem. § 19 EStG: Gehälter, Löhne, Gratifikationen, Tantiemen und andere Bezüge und Vorteile für eine Beschäftigung im öffentlichen oder privaten Dienst.

Ebenfalls sind Wartegelder, Ruhegelder, Witwen- und Waisengelder und andere Bezüge und Vorteile aus früheren Dienstleistungen sowie die Beamtenpensionen Einkünfte aus nichtselbstständiger Arbeit.

Zum Arbeitslohn gehören auch Sachbezüge (z. B. geldwerter Vorteil aus Wohnung und Unterkunft, Verpflegung, Dienstwagen), Lohnzuschläge, Fahrt- oder Reisekostenvergütungen des Arbeitgebers etc.

5. Einkünfte aus Kapitalvermögen

Einkünfte aus Kapitalvermögen sind Erträge, die mit dem eingesetzten Kapital erzielt wurden. Dazu zählen gem. § 20 EStG u. a. die Gewinnanteile (Dividenden), Gewinnanteile aus Beteiligungen an bestimmten juristischen Personen, Einnahmen aus der Beteiligung eines stillen Gesellschafters an einem Handelsgewerbe, Erträge aus Kapitallebensversicherungen und Erträge aus sonstigen Kapitalforderungen (Zinsen aus Guthaben und Einlagen, festverzinslichen Wertpapieren, Bausparguthaben, Investmentanteilen). Hierzu zählen auch die Erlöse aus der Veräußerung von Anteilen an einer Körperschaft.

6. Einkünfte aus Vermietung und Verpachtung

Einkünfte aus Vermietung und Verpachtung sind Einkünfte aus der Vermietung und Verpachtung von unbeweglichem Vermögen, insbesondere von Grundstücken, Gebäuden, Gebäudeteilen und Schiffen. Hierzu zählen v.a. Mieteinnahmen für Wohnungen und andere Räume, für Garagen, Werbeflächen sowie Einnahmen aus Umlagen, die vom Mieter bezahlt werden (Müllabfuhr, Wassergeld ...).

7. Sonstige Einkünfte

Zu den sonstigen Einkünften gehören nur die Einkünfte, die in § 22 EStG genau bezeichnet sind. Die Aufzählung des § 22 EStG ist nicht beispielhaft, sondern erschöpfend. Es werden u. a. Einkünfte aus wiederkehrenden Bezügen (Renten aus gesetzlichen und privaten Rentenversicherungen, aus landwirtschaftlichen Alterskassen), Unterhaltsleistungen, Versorgungsleistungen, aus privaten Veräußerungsgeschäften i. S. d. § 23 EStG, aus Altersvorsorgeverträgen und aus bestimmten Leistungen (z. B. Vermietung einzelner beweglicher Gegenstände oder gelegentliche Vermittlung) genannt.

Diese sieben Einkunftsarten werden in Gewinn- und Überschusseinkünfte unterschieden.

- **Gewinneinkunftsarten:** Bei Einkünften aus Land- und Forstwirtschaft, Gewerbebetrieb und selbstständiger Arbeit sind die Einkünfte der Gewinn. Dieser ergibt sich aus der Differenz zwischen Betriebseinnahmen und Betriebsausgaben.
- **Überschusseinkunftsarten:** Bei allen anderen Einkunftsarten sind die Einkünfte der Überschuss der Einnahmen über die Werbungskosten.

b) Einkommensteuerpflicht

Der **Einkommensteuerpflicht** unterliegen nur natürliche Personen, keine juristischen (Kapitalgesellschaften) oder quasi-juristischen (Personengesellschaften) Personen.

Es ist zwischen der unbeschränkten und der beschränkten Einkommensteuerpflicht zu unterscheiden.

- **Unbeschränkt einkommensteuerpflichtig:** Natürliche Personen (unabhängig von Alter, Geschlecht, Staatsangehörigkeit, Familienstand) mit Wohnsitz oder gewöhnlichem Aufenthalt im Inland sind in Deutschland unbeschränkt einkommensteuerpflichtig, d. h. sämtliche inländische und ausländische Einkünfte („Welteinkommen") unterliegen der Einkommensteuer.
- **Beschränkt einkommensteuerpflichtig:** Natürliche Personen, die im Inland weder einen Wohnsitz noch ihren gewöhnlichen Aufenthalt haben, aber inländische Einkünfte erzielen, sind mit ihren inländischen Einkünften beschränkt einkommensteuerpflichtig, d. h. nur die inländischen Einkünfte unterliegen der Einkommensteuer.

Um eine Doppelbesteuerung zu vermeiden, gibt es zwischen den meisten Ländern sogenannte **Doppelbesteuerungsabkommen**.

c) Das zu versteuernde Einkommen

Bemessungsgrundlage für die Einkommensteuer ist die Höhe des zu versteuernden Einkommens.

Ermittlung des zu versteuernden Einkommens

Betriebseinnahmen	Einnahmen
- Betriebsausgaben	- Werbungskosten
= Gewinn	= Überschuss
↓	↓

= Summe der Einkünfte
- Altersentlastungsbetrag, Entlastungsbetrag für Alleinerziehende, Freibetrag für Land- und Forstwirte
= Gesamtbetrag der Einkünfte
- Sonderausgaben, außergewöhnliche Belastungen, Steuerbegünstigungen
= Einkommen
- Freibeträge für Kinder
= zu versteuerndes Einkommen

d) Werbungskosten

Werbungskosten sind Aufwendungen bei Überschusseinkünften, die bei der jeweiligen Einkunftsart abzuziehen sind. Sie werden getätigt, um Einnahmen zu erzielen, zu sichern und zu erhalten.

Werbungskosten bei Einnahmen aus nicht selbstständiger Tätigkeit sind zum Beispiel:

- Fahrten zwischen Wohnung und Arbeitsstätte
- Beiträge zu Berufsverbänden (z. B. Gewerkschaften)
- Bewerbungskosten: Hierzu zählen alle Kosten für die Suche einer Arbeitsstelle (Aufwendungen für Inserate, Telefongespräche, Porto, Zeugniskopien, Reisekosten anlässlich einer Vorstellung) unabhängig davon, ob die Bewerbung erfolgreich war.
- Arbeitsmittel (z. B. Werkzeuge, Fachbücher, Fachzeitschriften, Anschaffungs- und Reparaturkosten von Sachanlagen)
- Berufskleidung, Anschaffungs- und Reinigungskosten der typischen Berufskleidung (z. B. Laborkittel, Arbeitsanzüge, Sicherheitsschuhe, Helme, Uniformen bei Polizei und Post etc.)
- Kontoführungsgebühren: Sie müssen aufgrund von Gutschriften für Arbeitslohn und beruflich veranlassten Überweisungen entstehen.
- Aus- und Fortbildungskosten
- Kosten für die erstmalige Berufsausbildung, für die Fortbildung in einem bereits erlernten Beruf, für Umschulungsmaßnahmen oder für ein weiteres Studium
- beruflich veranlasste Reisekosten
- doppelte Haushaltsführung
- Fahrtaufwendungen und Zweitwohnkosten sind Werbungskosten, wenn aus beruflichem Anlass am Beschäftigungsort eine Zweitwohnung nötig ist.
- beruflich veranlasste Umzugskosten: Entfernung zwischen Wohnung und Arbeitsstätte kann erheblich verkürzt werden oder der Umzug erfolgte auf Weisung des AG.

Im Zusammenhang mit den Werbungskosten gibt es bei fast allen Überschusseinkünften **Pauschbeträge**, die abzuziehen sind, wenn sich keine höheren Aufwendungen nachweisen lassen.

Werbungskosten für Einkünfte aus Kapitalerträgen werden abgeschafft.

Werbungskosten, die den Pauschbetrag für Einnahmen aus nicht selbstständiger Arbeit übersteigen, können als **Freibetrag auf der Lohnsteuerkarte** eingetragen werden. Dieser Freibetrag mindert das steuerpflichtige Bruttoeinkommen und somit den Steuerabzug (Lohn-, Kirchensteuer, Soli).

e) Sonderausgaben

Bestimmte Aufwendungen können bei der Einkommensteuer als Sonderausgaben vom Gesamtbetrag der Einkünfte abgezogen werden, wenn sie weder Betriebsausgaben noch Werbungskosten sind.

Es wird zwischen beschränkt und unbeschränkt abzugsfähigen Sonderausgaben unterschieden.

- **Beschränkt abzugsfähige Sonderausgaben:** Diese Aufwendungen können nur bis zu einer bestimmten Höhe als Sonderausgaben geltend gemacht werden. Folgende Aufwendungen zählen zu den beschränkt abzugsfähigen Sonderausgaben:
  - Unterhaltsleistungen an den geschiedenen/dauernd getrennt lebenden Ehegatten
  - Aufwendungen für die eigene Berufsausbildung
  - Schulgeld, wenn für ein Kind Anspruch auf Freibetrag oder Kindergeld besteht
  - Altersvorsorgebeiträge im Sinne des § 10a EStG (Beiträge zur sog. „Riester-Rente“)
  - Zuwendungen (Spenden und Mitgliedsbeiträge) im Sinne des § 10b EStG
  - nicht erwerbsbedingte Kinderbetreuungskosten bei Vorliegen bestimmter Voraussetzungen
  - sonstige Vorsorgeaufwendungen (§ 10 Abs. 1 Nr. 3a)
    Hierzu zählen Beiträge zu Versicherungen gegen Arbeitslosigkeit, zu Erwerbs- und Berufsunfähigkeits-, zu Unfall- und Haftpflichtversicherungen sowie zu Risikoversicherungen, die nur für den Todesfall eine Leistung vorsehen. Beiträge zu Kranken- und Pflegeversicherungen sind nur noch sonstige Vorsorgeaufwendungen, soweit sie nicht der Basisversorgung dienen.
  - Altersvorsorgeaufwendungen im Sinne des § 10 Abs. 1 Nr. 2 EStG
    Es sind Beiträge zum Aufbau einer Basisversorgung im Alter, d. h. Beiträge zur gesetzlichen Rentenversicherung (Arbeitgeber- und Arbeitnehmeranteil) und Beiträge zum Aufbau einer eigenen kapitalgedeckten Altersversorgung (§ 10 Abs. 1 Nr. 2b EStG, „Rürup-Rente“).
- **Unbeschränkt abzugsfähige Sonderausgaben:** Bestimmte Aufwendungen können in voller Höhe als Sonderausgaben bei der Ermittlung des zu versteuernden Einkommens geltend gemacht werden. Hierzu zählen
  - Renten und dauernde Lasten
  - gezahlte Kirchensteuer abzüglich erstatteter Kirchensteuer
  - Beiträge zur Basiskranken- und Basispflegeversicherung.

Auch für die Sonderausgaben gibt es einen **Sonderausgaben-Pauschbetrag**, der berücksichtigt wird, wenn der Steuerpflichtige nicht höhere Aufwendungen nachweist.

Damit sich bei Arbeitnehmern die regelmäßig anfallenden Vorsorgeaufwendungen für die Renten-, Kranken- und Pflegepflichtversicherung nicht erst nach Ablauf des Kalenderjahres bei der Einkommensteuerveranlagung, sondern bereits im laufenden Jahr auswirken, wird bei der Lohnsteuerberechnung eine **Vorsorgepauschale** berücksichtigt. Durch diese Vorsorgepauschale wird ein möglicher Sonderausgabenabzug vorweggenommen. Die Eintragung eines Freibetrages für Vorsorgeaufwendungen auf der Lohnsteuerkarte ist daher nicht notwendig.

f) Außergewöhnliche Belastungen

Von außergewöhnlichen Belastungen spricht das Einkommensteuergesetz (§ 33 EStG), wenn einem Steuerpflichtigen zwangsläufig größere Aufwendungen als der überwiegenden Mehrzahl der Steuerpflichtigen gleicher Einkommensverhältnisse, gleicher Vermögensverhältnisse und gleichen Familienstands entstehen (z. B. für Krankheitskosten). Der Teil der Aufwendungen, der die zumutbare Belastung des Steuerpflichtigen übersteigt, wird vom Gesamtbetrag der Einkünfte abgezogen.

Die Höhe der zumutbaren Belastung ist abhängig vom Gesamtbetrag der Einkünfte und von der Anzahl der Kinder.

Bestimmte außergewöhnliche Belastungen können in begrenztem Umfang bis zu festen Höchstbeträgen abgezogen werden (§§ 33a, 33b EStG), z. B. Aufwendungen

- für den Unterhalt und die Berufsausbildung unterhaltsberechtigter Personen
- zur Abgeltung des Sonderbedarfs bei der Berufsausbildung bei auswärtiger Unterbringung
- Unterhalt an bedürftige Personen
- Pflege-Pauschbetrag
- Pauschbetrag behinderter Menschen.

g) Einkommensteuertarif

Der Einkommensteuertarif ist ein progressiver Steuertarif, das heißt mit steigendem zu versteuernden Einkommen erhöht sich der anzuwendende Steuersatz. (§ 32a EStG)

Der progressive Einkommensteuertarif differenziert nach der wirtschaftlichen Leistungsfähigkeit, d. h., dass Menschen mit niedrigem Einkommen steuerlich entlastet werden und diejenigen, die mehr verdienen, einen größeren Teil ihres Einkommens abführen müssen.

Für jeden Steuerpflichtigen bleibt ein **Grundfreibetrag** vom zu versteuernden Einkommen steuerfrei (zzt. 9.984 € für Ledige und 19.968 € für Verheiratete). Er richtet sich nach dem Existenzminimum.

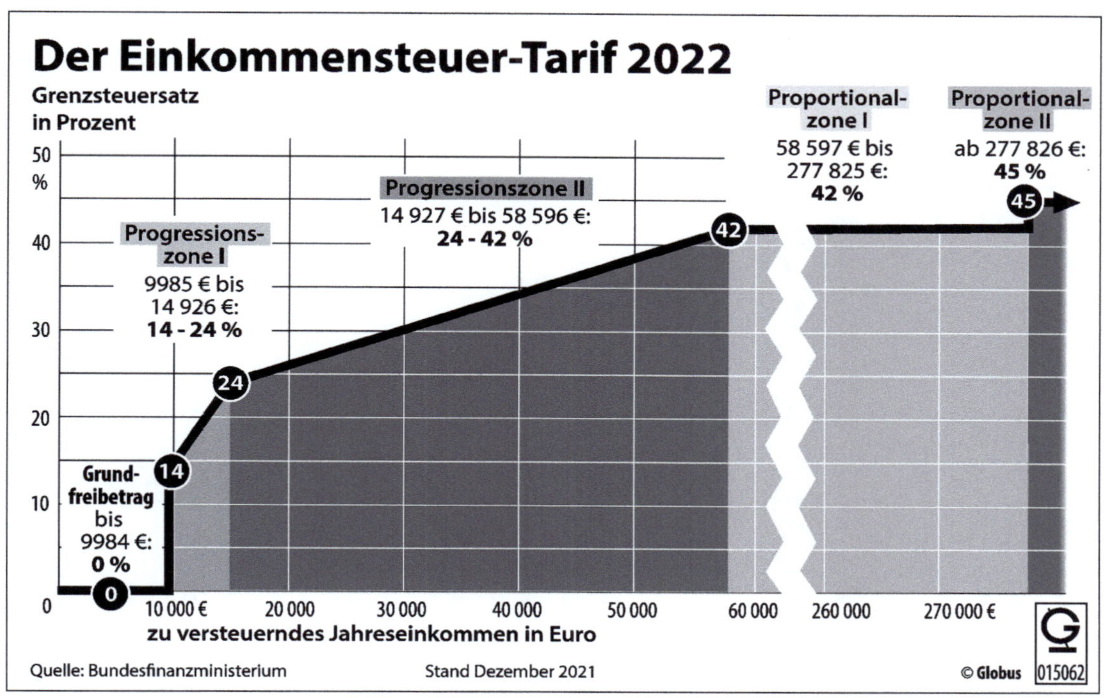

Für zu versteuernde Einkommen, die über dem Grundfreibetrag liegen, steigen die Steuersätze in zwei linearprogressive Zonen (Progressionszone I und Progressionszone II). Der Eingangssteuersatz beträgt 14 %. Der Spitzensteuersatz von 42 % greift in Proportionalzone I. In der Proportionalzone II gilt der Höchststeuersatz von 45 %.

Man unterscheidet bei der Einkommensteuer folgende Steuersätze:

- **Durchschnittssteuersatz (effektiver Steuersatz):** Der Prozentsatz des gesamten zu versteuernden Einkommens, der als Einkommensteuer zu zahlen ist.

$$\text{Durchschnittssteuersatz} = \frac{\text{Einkommensteuerbetrag}}{\text{zu versteuerndes Einkommen}} \cdot 100\ \%$$

- **Grenzsteuersatz:** Der Steuersatz, mit dem der nächste zusätzliche Euro des zu versteuernden Einkommens belastet werden würde.

h) Lohnsteuer

Für die Höhe der Lohnsteuer sind die Steuerklassen (§ 38b EStG) wichtig.

Die **Lohnsteuer** ist die Steuer, die ein Arbeitnehmer auf sein Arbeitnehmerentgelt zahlt. Sie ist somit eine Erhebungsform der Einkommensteuer für **Einkünfte aus nicht selbstständiger Arbeit**.

Lohnsteuer ist nicht gleich Einkommensteuer! Während die Lohnsteuer sich nur auf die Einkünfte aus nichtselbstständiger Arbeit bezieht, umfasst die Einkommensteuer die Besteuerung aller Einkunftsarten.

Die Berechnung der Lohnsteuer richtet sich nach Steuerklassen.

Steuerklassen geben Arbeitnehmern die Möglichkeit, durch bestimmte Steuer mindernde Tatbestände wie Familienstand bzw. Kinder, die Höhe der monatlichen Lohnsteuerabzüge zu verringern.

Es werden die folgenden sechs Steuerklassen unterschieden:

Steuerklasse	zugeordnete Arbeitnehmer
I	Ledige Arbeitnehmer, verwitwete Arbeitnehmer, geschiedene Arbeitnehmer, verheiratete Arbeitnehmer, die dauernd getrennt leben
II	Arbeitnehmer der Steuerklasse I mit mindestens einem Kind
III	Verheiratete Arbeitnehmer, deren Ehegatte keinen Arbeitslohn bezieht bzw. verheiratete Arbeitnehmer, deren Ehegatte Arbeitsentgelt bezieht und auf Antrag beider Ehegatten in die Steuerklasse V eingereiht wird
IV	Verheiratete Arbeitnehmer, wenn beide Ehepartner Arbeitslohn beziehen
V	Für in Steuerklasse IV aufgeführte Arbeitnehmer, wenn ein Ehegatte in Steuerklasse III eingereiht ist
VI	Arbeitnehmer, die nebeneinander von mehreren Arbeitgebern Arbeitslohn beziehen aus dem zweiten und weiteren Dienstverhältnis

Die Lohnsteuer muss der Arbeitgeber bei jeder Lohnabrechnung vom Brutto-Arbeitslohn einbehalten und an das Finanzamt abführen.

Was erwartet mich in der Prüfung?

1. Das Lernlabyrinth

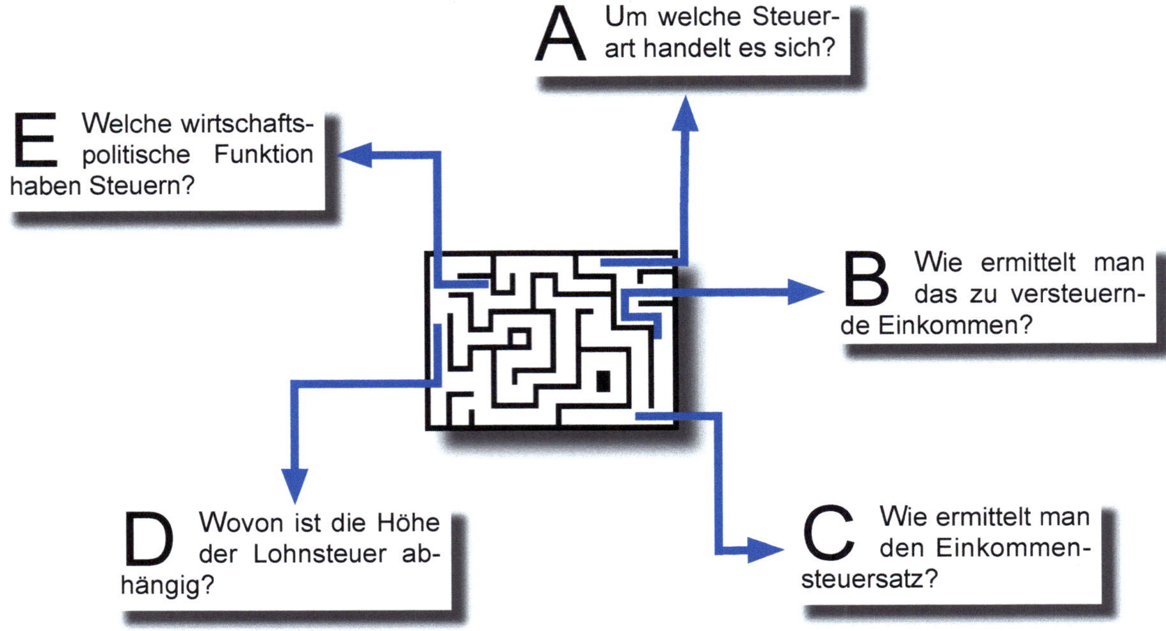

2. Wege aus dem Lernlabyrinth

A Um welche Steuerart handelt es sich?

Beispiel: Einkommensteuer

1. Wer ist der Steuerempfänger?

Die Einnahmen aus der Umsatzsteuer stehen Bund, Länder und Gemeinden gemeinsam zu.

⇒ Gemeinschaftssteuer

2. Was ist Gegenstand der Besteuerung?

Besteuert werden Einkommen natürlicher Personen mit Sitz oder gewöhnlichem Aufenthalt im Inland. Einkommen bewirkt einen Vermögenszuwachs.

⇒ Besitzsteuer

3. Wie ist die Steuer zu entrichten?

Die Einkommensteuer ist vom Steuerschuldner selbst an das Finanzamt zu entrichten.

⇒ direkte Steuer

4. Ist die Steuer abzugsfähig?

Die Einkommensteuer stellt keine gewinnmindernde Betriebsausgabe dar.

⇒ nicht abzugsfähige Steuer

B Wie ermittelt man das zu versteuernde Einkommen?

Beispiel:

Der Architekt Hans Maier, 30 Jahre alt, wohnhaft in Nürnberg, hat als Angestellter im Jahr 2022 einen Bruttoarbeitslohn von 33.400 € erzielt. Herr Maier ist ledig (Steuerklasse I).

Wenden Sie das Berechnungsschema im Wissensteil an.

Schritt 1: Werbungskosten abziehen

Hans Maier kann folgende Werbungskosten geltend machen:

	Betrag	
	4.500,00 €	Fahrten zwischen Wohnung und Arbeitsstätte
+	840,00 €	Arbeitsmittel
+	1.393,00 €	übrige Werbungskosten
=	6.733,00 €	Summe Werbungskosten

	Betrag	
	33.400,00 €	Bruttoarbeitslohn
-	6.733,00 €	Werbungskosten
=	26.667,00 €	Einkünfte aus nichtselbstständiger Arbeit

Schritt 2: Einkünfte zusammenaddieren

Daneben hat Hans Maier aus selbstständiger Tätigkeit als Fitnesstrainer einen Gewinn von 3.000 € erzielt.

	Betrag	
	26.667,00 €	Einkünfte aus nichtselbstständiger Arbeit
+	3.000,00 €	Einkünfte aus selbstständiger Arbeit
=	29.667,00 €	Summe der Einkünfte

An dieser Stelle wären ggf. Entlastungsbeträge (z. B. für Alleinerziehende etc.) abzuziehen, die Herr Maier jedoch nicht hat.

Schritt 3: Sonderausgaben und außergewöhnliche Belastungen abziehen

Herr Maier kann Sonderausgaben geltend machen:

	Betrag	
	537,00 €	gezahlte Kirchensteuer
+	530,00 €	Spenden
+	2.660,00 €	Vorsorgeaufwendungen
=	3.727,00 €	Summe Sonderausgaben

Außergewöhnliche Belastungen hat Herr Maier nicht zu verzeichnen.

	Betrag	
	29.667,00 €	Gesamtbetrag der Einkünfte
-	3.727,00 €	Summe Sonderausgaben
-	0,00 €	außergewöhnliche Belastungen
=	**25.940,00 €**	**zu versteuerndes Einkommen**

C Wie ermittelt man den Einkommensteuersatz?

Basis für die Berechnung ist das eben ermittelte zu versteuernde Einkommen, auf das nun der Einkommensteuertarif angewendet wird.

Aus dem Einkommensteuertarif (siehe Wissensteil) ergibt sich nun folgende Berechnung:

Zu versteuerndes Einkommen	Erläuterung
bis 9.984 €	Grundfreibetrag → keine Besteuerung
von 9.985 € bis 14.926 €	Progressionszone I
von 14.927 € bis 58.596 €	Progressionszone II (hier endet das zu versteuernde Einkommen von 25.940 €)
von 58.597 € bis 277.825 €	Proportionalzone I (hier nicht betroffen)
ab 277.826 €	Proportionalzone II (hier nicht betroffen)

⇒ Gemäß § 32a EStG wird ein Einkommensteuer-Betrag von 3.700 € festgesetzt.

Dadurch ergeben sich für Herrn Maier folgende Steuersätze:

Durchschnittssteuersatz = (3.700 € : 25.940 €) · 100 % = **14,52 %**

⇒ 14,52 % des zu versteuernden Einkommens von Herrn Maier fallen als Einkommensteuer an.

Grenzsteuersatz: 29,50 %

⇒ Der nächste Euro, den Herr Maier als zusätzlichen zu versteuerndes Einkommen erzielen würde, wäre mit 28,33 % zu versteuern.

(Ferner fällt noch Kirchensteuer an; auf deren Berechnung wird hier verzichtet.)

Steuerberechnung online über www.bmf-steuerrechner.de

D Wovon ist die Höhe der Lohnsteuer abhängig?

Die Höhe der zu entrichtenden Lohnsteuer hängt außer vom Bruttoarbeitslohn in erster Linie von der Lohnsteuerklasse ab. (Überblick über die Lohnsteuerklassen siehe Wissensteil)

Ehepartner, die beide Arbeitslohn beziehen, können dabei zwischen folgenden Varianten wählen:

- ein Ehepartner in Steuerklasse III (i. d. R. der Besserverdienende), der andere in Steuerklasse V
- beide Ehepartner in Steuerklasse IV.

Die erste Variante ist vor allem dann günstiger, wenn sich die Arbeitslöhne der Ehepartner in ihrer Höhe deutlich unterscheiden.

Die Lohnsteuerklassen gelten nur für die Lohnsteuer (Einkünfte aus nicht selbstständiger Arbeit), nicht jedoch für die Einkünfte aus den anderen Einkunftsarten.

E **Welche wirtschaftspolitische Funktion haben Steuern?**

- **Haushaltspolitische Funktion:** Steuern sind die wichtigste Einnahmequelle des Staates.
- **Umverteilungsfunktion:** Sie können auch dazu eingesetzt werden, die Kluft zwischen „Arm“ und „Reich“ zu verkleinern, z. B. über einen progressiven Einkommensteuertarif.
- **Konjunkturpolitische Funktion:** Siehe Kapitel II.2 (Fiskalpolitik als Instrument der Konjunkturpolitik).

So trainiere ich für die Prüfung

Aufgaben

1. Wissensfragen

1.1 Lernfragen

1. Grenzen Sie die Beiträge von den Gebühren als Einnahmequellen des Staates ab und geben Sie sowohl für die Beiträge als auch für die Gebühren ein Beispiel.

2. Nennen Sie je zwei Besitz-, Verkehr- und Verbrauchsteuern.

3. Benennen Sie die verschiedenen Zonen des Einkommensteuertarifs.

4. Erklären Sie, was unter einem progressiven Einkommensteuertarif zu verstehen ist.

5. Nennen Sie je zwei Beispiele für Werbungskosten, beschränkt und unbeschränkt abzugsfähige Sonderausgaben sowie außergewöhnliche Belastungen.

6. Beschreiben Sie kurz das Wesen eines Pauschbetrages.

7. Begründen Sie, warum es unterschiedliche Steuerklassen gibt.

8. Wie unterscheiden sich die unbeschränkte und die beschränkte Einkommenssteuerpflicht voneinander?

1.2 Mehrfachauswahl

1. Prüfen Sie, welche der folgenden Aussagen über Steuern zutreffend ist.

a) Steuern dienen in erster Linie der Einkommensumverteilung.
b) Mit Steuern wird der Bürger zur Beteiligung an den von ihm unmittelbar verursachten Kosten herangezogen.
c) Steuern sind Zwangsabgaben, die vom Staat in direktem Zusammenhang mit Gegenleistungen erhoben werden.
d) Steuern sind Zwangsabgaben, die vom Staat ohne direkte Gegenleistung erhoben werden.
e) Steuern dürfen vom Staat nur für Investitionsaufgaben verwendet werden.

2. Teilen Sie nachfolgende Steuern ein, indem Sie jeweils ein Kreuz an den entsprechenden Stellen setzen.

	Bundessteuer	**Landessteuer**	**Gemeindesteuer**	**Gemeinschaftssteuer**	**direkte Steuer**	**indirekte Steuer**
Einkommensteuer						
Körperschaftsteuer						
Erbschaftssteuer						
Umsatzsteuer						
Gewerbesteuer						
Tabaksteuer						

3. Ordnen Sie folgende Steuern der passenden Steuerart zu.

	Besitzsteuer	**Verbrauchsteuer**	**Verkehrsteuer**
Grundsteuer			
Gewerbesteuer			
Grunderwerbsteuer			
Energiesteuer			
Biersteuer			
Umsatzsteuer			
Einkommensteuer			

4. Ein kaufmännischer Angestellter hat eine Eigentumswohnung vermietet und erzielt daraus Mieteinnahmen. Bestimmen Sie die Steuer, der diese Einnahmen unterliegen.

a) Lohnsteuer
b) Umsatzsteuer
c) Körperschaftsteuer
d) Grundsteuer
e) Einkommensteuer

5. Prüfen Sie, welche Wirkung eine durchgehend progressive Besteuerung der Einkommen im Rahmen der Einkommensteuer unter sonst gleichbleibenden Bedingungen für die Steuerpflichtigen hat.

a) Die Steuern steigen bei einer Einkommenserhöhung prozentual mehr als das Einkommen.
b) Das Einkommen steigt bei einer Einkommenserhöhung prozentual mehr als die Steuern.
c) Die progressive Besteuerung gibt den Steuerpflichtigen Leistungsanreize, mehr zu verdienen.
d) Alle Steuerpflichtigen werden mit dem gleichen Steuersatz belastet.
e) Die Steuern steigen bei jeder Einkommenserhöhung im gleichen Verhältnis wie das Einkommen.

6. Geben Sie jeweils die Lohnsteuerklasse an, in die die unten beschriebenen Lohnsteuerpflichtigen einzugliedern sind.

	Steuerklasse
Hans-Werner Reuter, seit 2 Jahren geschieden, ein Kind, arbeitet als Elektriker.	
Renate Kollak, verheiratet, arbeitet halbtags als Sekretärin. Ihr Ehegatte ist als Ingenieur tätig.	
Rolf Schrage, verlobt, 25 Jahre, keine Kinder, Bankkaufmann	
Monika Schneider, verheiratet, Bürokauffrau, arbeitet nebenbei noch für ein paar Stunden im Monat als Sekretärin im Pfarrbüro.	
Rudolf Berg, seit 6 Jahren verwitwet, 2 schulpflichtige Kinder, Industriekaufmann	
Sandra Braun, verheiratet, ein Kind, Ehemann Martin Braun ist auch Arbeitnehmer mit ungefähr gleichem Verdienst.	
Vladimir Schmal, Prokurist, verdient ungefähr das Doppelte wie seine Frau Lilli.	

7. Frau Alexandra Zenk bereitet ihre Einkommensteuererklärung vor. Sie überlegt, ob und wie sie verschiedene Aufwendungen steuermindernd geltend machen kann.

Prüfen Sie, in welcher Zeile alle Ausgaben richtig zugeordnet sind.

Werbungskosten	**Sonderausgaben**	**Außergewöhnliche Belastungen**
a) Fortbildungskosten im ausgeübten Beruf	Umzugskosten infolge dienstlich veranlasstem Wohnungswechsel	Spenden für mildtätige Zwecke
b) Beiträge zu Berufsverbänden	Krankenversicherungsbeiträge	Fortbildungskosten im ausgeübten Beruf
c) Fortbildungskosten im ausgeübten Beruf	Arbeitnehmeranteil zur Pflegeversicherung	Krankheitskosten über dem zumutbaren Eigenanteil
d) Gezahlte Kirchensteuer	Steuerberatungskosten	Unterhaltsleistungen an bedürftige Angehörige
e) Aufwendungen für Arbeitsmittel	Beiträge zur Rechtsschutzversicherung	Spenden für mildtätige Zwecke

8. Der Angestellten Alexandra Zenk wurde aufgrund ihres Antrages vom Finanzamt für erhöhte Werbungskosten ein monatlicher Freibetrag in Höhe von 480 € auf ihre Lohnsteuerkarte eingetragen. Prüfen Sie, welche finanzielle Auswirkung dies für Frau Zenk hat.

a) Die monatliche Lohnsteuer von Frau Zenk sinkt um 480 €.

b) Das steuerpflichtige Bruttoentgelt von Frau Zenk wird bei der Berechnung der Lohnsteuer um 480 € gemindert.

c) Die Sozialversicherungsbeiträge von Frau Zenk sinken um 480 €.

d) Das steuerpflichtige Bruttoentgelt von Frau Zenk wird bei der Berechnung der Lohnsteuer um 40 € gemindert.

e) Frau Zenk zahlt jetzt nur noch Lohnsteuer, wenn diese den Betrag von 480 € monatlich übersteigt.

9. Ein steuerpflichtiger Arbeitnehmer mit einem Behinderungsgrad von 25 % konnte im Veranlagungszeitraum die nachstehenden Ausgaben nachweisen. Ordnen Sie den untenstehenden Ausgaben die richtige Ausgabengruppen zu.

Ausgabengruppe:

[1] Werbungskosten

[2] Sonderausgaben

[3] Außergewöhnliche Belastungen

Ausgaben	Ausgabengruppe
a) Kontoführungsentgelt für das Gehaltskonto bei der Frankenbank AG	
b) Beiträge zur gesetzlichen Basispflegeversicherung	
c) Spenden an die Deutsche Kinderkrebshilfe	
d) Fahrtkosten mit öffentlichen Verkehrsmitteln für den 30 km weiten Weg zur Arbeitsstätte	
e) Arbeitnehmeranteil zur gesetzlichen Krankenversicherung	
f) Gewerkschaftsbeitrag	
g) Pauschbetrag behinderter Menschen	

10. Bei der Berechnung der Lohnsteuer muss der Arbeitgeber die vom Finanzamt übermittelten Lohnsteuerabzugsmerkmale berücksichtigen. Geben Sie an, welche der nachstehenden Aussagen dazu richtig sind.

a) Der persönliche Steuersatz des Arbeitnehmers wird dem Arbeitgeber vom Finanzamt automatisch elektronisch übermittelt.

b) Der Arbeitnehmer beantragt Freibeträge direkt beim Arbeitgeber.

c) Der Arbeitnehmer beantragt den Steuerklassenwechsel beim Finanzamt, muss aber dem Arbeitgeber diese Änderung auf jeden Fall auch mitteilen.

d) Wenn der Arbeitnehmer dem Arbeitgeber seine Steuer-Identifikationsnummer nicht vorlegt und nicht angibt, ob dieses Arbeitsverhältnis das Hauptarbeitsverhältnis ist, muss der Arbeitgeber den Lohnsteuerabzug nach der Steuerklasse VI durchführen.

e) Die beim Wohnsitzfinanzamt beantragten Freibeträge gelten, bis der Arbeitnehmer diese wieder ändern lässt.

f) Der Arbeitnehmer kann im Laufe des Kalenderjahres die Lohnsteuerklasse ändern lassen.

11. Für die Berechnung und Abführung der Lohnsteuer, des Solidaritätszuschlags sowie gegebenenfalls der Kirchensteuer erhält der Arbeitgeber die Elektronischen Lohnsteuerabzugsmerkmale.
Prüfen Sie, welche der folgenden Aussagen einwandfrei abzuleiten ist, wenn nachstehende Eintragungen im Melderegister berücksichtigt werden.

a) Der Arbeitnehmer ist verheiratet.

b) Der Arbeitnehmer gehört keiner Religionsgemeinschaft an.

c) Der Arbeitnehmer hat keine Sonderausgaben.

d) Der Arbeitnehmer hat ein minderjähriges Kind.

e) Der Arbeitnehmer geht keiner Nebentätigkeit nach.

Gespeicherte Elektronische Lohnsteuerabzugsmerkmale:	
Steuerklasse	VIER
Zahl der Kinderfreibeträge	1,0
Kirchensteuerabzug	–
Freibeträge	(keine Eintragungen)

12. Das Einkommensteuergesetz unterscheidet unterschiedliche Einkunftsarten. Entscheiden Sie bei den untenstehenden Einnahmen, um welche Einkunftsart es sich jeweils handelt, indem Sie die entsprechende Ziffern eintragen.

1. Einkünfte aus Land- und Forstwirtschaft
2. Einkünfte aus Gewerbebetrieb
3. Einkünfte aus selbstständiger Arbeit
4. Einkünfte aus nichtselbstständiger Arbeit
5. Einkünfte aus Kapitalvermögen
6. Einkünfte aus Vermietung und Verpachtung
7. Sonstige Einkünfte

Einnahmen	Einkunftsart
Ein Bankkunde erhält eine Zinsgutschrift.	
Ein Angestellter erhält Urlaubsgeld.	
Ein Rechtsanwalt erhält für eine Beratung eines Mandanten in seiner eigenen Anwaltskanzlei ein Honorar.	
Herr Müller ist Inhaber einer Schlosserei. Er konnte seinen Gewinn im letzten Jahr steigern.	
Ein Maler überlässt seinem Bekannten eine Eigentumswohnung entgeltlich für 2 Jahre.	

13. Der Steuerpflichtige Knut Hildebrandt hat im abgelaufenen Veranlagungszeitraum ausschließlich Einkünfte in den Einkunftsarten „Einkünfte aus nicht selbstständiger Arbeit" sowie „Einkünfte aus Kapitalvermögen" erzielt.

Ergänzen Sie das unten stehende Schema „Ermittlung des zu versteuernden Einkommens", indem Sie aus den folgenden acht Begriffen die vier fehlenden Begriffe (gemäß EStG) zuordnen.

Begriffe:

1. Einnahmen
2. Einkommen
3. Einkünfte
4. Werbungskosten
5. Freibeträge
6. Sonderausgaben
7. Freigrenzen
8. Pauschalbeträge

Ermittlung des zu versteuernden Einkommens

A) ....
- B) ....
= Summe der Einkünfte
- Altersentlastungsbetrag, Entlastungsbetrag für Alleinerziehende, Freibetrag für Land- und Forstwirte
= Gesamtbetrag der Einkünfte
- C) ....
- außergewöhnliche Belastungen
= D) ....
- Kinderfreibetrag
= zu versteuerndes Einkommen

2. Fallsituationen

2.1 Fall 1

Willi Schneider (ledig) wohnt in Schlüsselfeld (Oberfranken) zur Miete. Er arbeitet in Erlangen als Ingenieur und hat im Veranlagungszeitraum ein Bruttogehalt von insgesamt 72.000 € verdient. Neben den Zahlungen zur gesetzlichen Rentenversicherung hatte er im Veranlagungszeitraum insgesamt noch folgende Aufwendungen, die er in seiner Einkommensteuererklärung geltend machen will:

- Fachbücher, Fachzeitschriften ...	450,00 €
- Beiträge zur Unfall- und Berufsunfähigkeitsversicherung	7.794,00 €
- Beiträge zu einer „Riester-Rente"	2.880,00 €
- Beiträge zur Risikolebensversicherung	400,00 €
- Beiträge zur Haftpflichtversicherung	350,00 €
- Fahrtkosten für Wegstrecke zwischen Wohnung und Arbeitsstätte	2.508,00 €
- Spendenquittung für kirchliche Hilfswerke	125,00 €
- Bescheinigung des Arbeitgebers über die einbehaltenen Sozialversicherungsbeiträge	
- Quittung für Berufsverbandsbeiträge	720,00 €
- Zinslastschrift für den in Anspruch genommenen Dispositionskredit	402,00 €
- Quittung über Aufwendungen für Stellenanzeigen	115,00 €
- Kosten für berufliche Fortbildung „Visuelle Produktionssteuerung"	950,00 €

a) In welche Lohnsteuerklasse ist Herr Schneider einzustufen?

b) Ermitteln Sie den Betrag, den Herr Schneider nach dem Einkommensteuergesetz als Werbungskosten geltend machen kann.

c) Geben Sie den Betrag an, den er nach dem Einkommensteuergesetz in keinem Fall steuermindernd geltend machen kann.

d) Bestimmen Sie die Aufwendungen, die er als Sonderausgaben geltend machen kann.

e) Im Einkommensteuerbescheid werden für Herrn Schneider 12.757 € Einkommensteuer festgesetzt. Dabei wird von einem zu versteuerndem Einkommen von 50.000 € ausgegangen. Berechnen Sie die durchschnittliche Einkommensteuerbelastung.

f) Der Grenzsteuersatz von Herrn Schneider wird mit 40,68 % ermittelt. Erklären Sie kurz, was diese Zahl aussagt, und begründen Sie, warum der Grenzsteuersatz deutlich über dem Durchschnittssteuersatz liegt.

2.2 Fall 2

Ihnen liegt folgendes Schaubild zu den Steuereinnahmen des Staates vor.

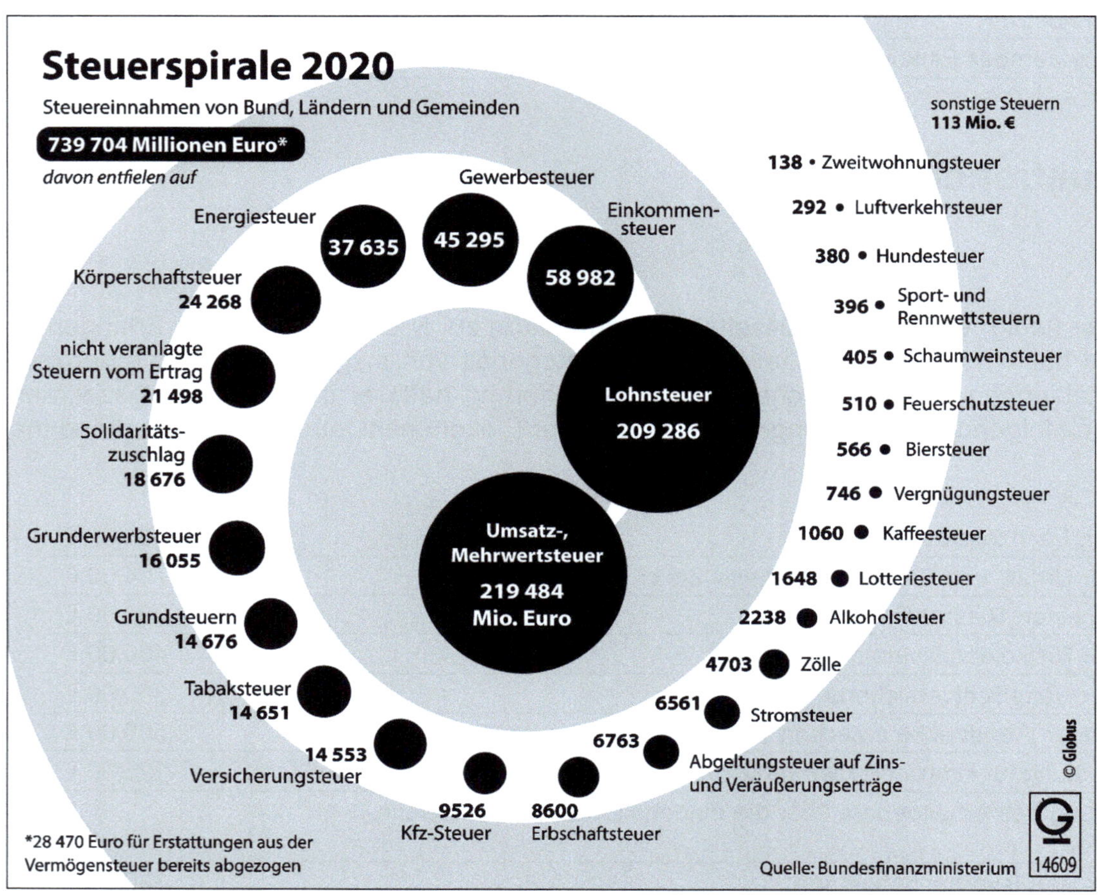

a) Betrachten Sie bei dieser Aufgabe in der folgenden Abbildung nur die fünf Steuern mit dem höchsten Aufkommen. Ermitteln Sie von diesen fünf Steuern die Höhe der direkten Steuern in Millionen Euro.

b) Zählen Sie die drei wertmäßig höchsten Verbrauchsteuern auf.

c) Erklären Sie, warum Lohnsteuer und Einkommensteuer als separate Positionen aufgeführt sind.

d) Nennen Sie zwei Steuern aus dem Schaubild, die für eine Aktiengesellschaft abzugsfähige Steuern darstellen.

e) Nehmen Sie aus fiskalpolitischer Sicht kritisch Stellung zu der Aussage: „Wenn man die Konjunktur beleben möchte, muss man nur den Umsatzsteuersatz senken." Berufen Sie sich dabei auf die Daten aus dem Schaubild.

Lösungen

1. Wissensfragen

1.1 Lernfragen

1. Beiträge zahlt man, um Leistungen einer Einrichtung zu nutzen. Man zahlt sie aber auch, wenn man sie nicht nutzt, z. B. Kurtaxen, Kanalisation, Straßenreinigung, Abwasserentsorgung, Sozialversicherungsbeiträge, IHK-Beiträge.

Gebühren müssen für die konkrete Inanspruchnahme bestimmter Dienstleistungen öffentlicher Einrichtungen bezahlt werden (z. B. Gebühr für Ausstellung eines Passes, Kfz-Zulassungsgebühr, Müllabfuhrgebühr, Maut).

2. Besitzsteuer: Erbschaft-, Einkommen-, Lohn-, Körperschaft-, Grund-, Hunde-, Gewerbe-, Kapitalertragsteuer

Verkehrsteuer: Versicherungs-, Kfz-, Grunderwerb-, Lotterie-, Vergnügungsteuer

Verbrauchsteuer: Mineralöl-, Tabak-, Strom-, Kaffee-, Schaumwein-, Bier-, Getränkesteuer

3.
- Grundfreibetrag
- Progressionszone I
- Progressionszone II
- Proportionalzone I
- Proportionalzone II

4. Mit steigendem zu versteuernden Einkommen erhöht sich der anzuwendende Steuersatz.

5.
- Werbungskosten: Fahrtkosten, Beiträge zur Berufsgenossenschaft, Bewerbungskosten, Arbeitsmittel
- Beschränkt abzugsfähige Sonderausgaben: Schulgeld, Altersvorsorgeaufwendungen, Spenden, Aufwendungen für die eigene Berufsausbildung
- Unbeschränkt abzugsfähige Sonderausgaben: Beiträge zur Basiskranken- und Basisrentenversicherung, Renten, gezahlte Kirchensteuer abzüglich erstattete Kirchensteuer
- Außergewöhnliche Belastungen: Krankheitskosten, Pflege-Pauschbetrag, Unterhaltsleistungen an unterhaltsberechtigte Personen

6. Pauschbeträge werden automatisch abgezogen, wenn sich keine höheren Aufwendungen nachweisen lassen.

7. Abhängig von der Steuerklasse wird die Höhe der monatlich zu zahlenden Lohnsteuer ermittelt. Mithilfe der Lohnsteuer kann eine sekundäre Einkommensverteilung (Umverteilung) durch den Staat vorgenommen werden, da über die Steuerklassen der Familienstand und die Anzahl der Kinder berücksichtigt werden. Demnach haben Ledige ohne Kinder eine höhere Lohnsteuerbelastung zu tragen als Alleinerziehende.

8. • Unbeschränkt einkommensteuerpflichtig ist eine natürliche Person mit Wohnsitz oder gewöhnlichem Aufenthalt im Inland, unabhängig von ihrer Staatsbürgerschaft, mit ihrem gesamten Welteinkommen.

   • Beschränkt einkommensteuerpflichtig ist eine natürliche Person, die weder ihren Wohnsitz noch ihren gewöhnlichen Aufenthalt im Inland hat, aber inländische Einkünfte erzielt. Die Einkommensteuerpflicht beschränkt sich auf diese inländischen Einkünfte.

1.2 Mehrfachauswahl

1. d

2. Bundessteuern sind u. a. Verbrauchsteuern (ohne Biersteuer) oder Kfz-Steuer

	Bundes-steuer	**Landes-steuer**	**Gemeinde-steuer**	**Gemein-schafts-steuer**	**direkte Steuer**	**indirekte Steuer**
Einkommensteuer				**X**	**X**	
Körperschaftsteuer				**X**	**X**	
Erbschaftssteuer		**X**			**X**	
Umsatzsteuer				**X**		**X**
Gewerbesteuer			**X**		**X**	
Tabaksteuer	**X**					**X**

3.

	Besitzsteuer	**Verbrauchsteuer**	**Verkehrsteuer**
Grundsteuer	**X (Gemeindesteuer)**		
Gewerbesteuer	**X**		
Grunderwerbsteuer			**X (Landessteuer)**
Energiesteuer		**X**	
Biersteuer		**X (Landessteuer)**	
Umsatzsteuer			**X**
Einkommensteuer	**X**		

4. e

Einkünfte aus Vermietung und Verpachtung

5. a

Aufgrund des progressiven Steuertarifs steigen die Steuern im Vergleich zur Einkommenserhöhung überproportional.

6.

	Steuerklasse
Hans-Werner Reuter, seit 2 Jahren geschieden, ein Kind, arbeitet als Elektriker.	II
Renate Kollak, verheiratet, arbeitet halbtags als Sekretärin. Ihr Ehegatte ist als Ingenieur tätig.	V
Rolf Schrage, verlobt, 25 Jahre, keine Kinder, Bankkaufmann	I
Monika Schneider, verheiratet, Bürokauffrau, arbeitet nebenbei noch für ein paar Stunden im Monat als Sekretärin im Pfarrbüro.	VI
Rudolf Berg, seit 6 Jahren verwitwet, 2 schulpflichtige Kinder, Industriekaufmann	II
Sandra Braun, verheiratet, ein Kind, Ehemann Martin Braun ist auch Arbeitnehmer mit ungefähr gleichem Verdienst.	IV
Vladimir Schmal, Prokurist, verdient ungefähr das Doppelte wie seine Frau Lilli.	III

7. c

8. b

9. a) 1, b) 2, c) 2, d) 1, e) 2, f) 1, g) 3

10. d, f

11. a

zu b) Aus der Lohnsteuerkarte ist nur zu entnehmen, dass der Arbeitnehmer weder katholisch noch evangelisch ist. Er könnte aber z. B. Moslem sein und somit dem Islam angehören.

12.

Einnahmen	Einkunftsart
Ein Bankkunde erhält eine Zinsgutschrift.	5. (Einkünfte aus Kapitalvermögen)
Ein Angestellter erhält Urlaubsgeld.	4. (Einkünfte aus nicht selbstständiger Arbeit)
Ein Rechtsanwalt erhält für eine Beratung eines Mandanten in seiner eigenen Anwaltskanzlei ein Honorar.	3. (Einkünfte aus selbstständiger Arbeit)
Herr Müller ist Inhaber einer Schlosserei. Er konnte seinen Gewinn im letzten Jahr steigern.	2. (Einkünfte aus Gewerbebetrieb)
Ein Maler überlässt seinem Bekannten eine Eigentumswohnung entgeltlich für 2 Jahre.	6. (Einkünfte aus Vermietung und Verpachtung)

13. A) 1, B) 4, C) 6, D) 2

2. Fallsituationen

2.1 Fall 1

D

a) Lohnsteuerklasse I

B, D

b) 4.743,00 €

	Fachbücher	450,00 €
+	Fahrtkosten	2.508,00 €
+	Beiträge Berufsverband	720,00 €
+	Stellenanzeigen	115,00 €
+	Fortbildungskosten	950,00 €
	Werbungskosten	4.743,00 €

B

c) 402 € (Zinsen für die Inanspruchnahme des Dispositionskredits können steuerlich nicht geltend gemacht werden.)

d) Spenden für kirchliche Hilfswerke, Beiträge zur gesetzlichen Rentenversicherung, Beiträge zur „Riester-Rente“, Beiträge zur Basiskranken- und Basispflegeversicherung. Da die Beiträge zur Basiskranken- und Basispflegeversicherung bei Herrn Schneider mehr als 1.900 € im Jahr betragen, ist das Abzugsvolumen für die sonstigen Vorsorgeaufwendungen bereits aufgebraucht. Daher werden seine sonstigen Vorsorgeaufwendungen (Beiträge zur Risikolebens-, Unfall-, Berufsunfähigkeits- und Haftpflichtversicherung) nicht mehr als Sonderausgaben berücksichtigt.

B

e) Durchschnittlicher Einkommensteuersatz = (12.757 € : 50.000 €) · 100 % = 25,51 %

C

f) Der nächste zusätzliche Euro von Herrn Schneiders zu versteuerndem Einkommen wird mit 40,68 % Einkommensteuer belastet.

Aufgrund des progressiven Steuertarifs werden die höheren Einkommensbeträge mit einem höheren Prozentsatz besteuert, als die niedrigen Einkommenszonen. Der Grundfreibetrag wird gar nicht besteuert. Da der Durchschnittssteuersatz jeden Euro des Einkommens von Herrn Schneider einbezieht, muss er zwangsläufig niedriger sein als der Grenzsteuersatz.

2.2 Fall 2

a) 313.563 Mio. €
(209.286 + 58.982 + 45.295)
(Lohnsteuer, Einkommensteuer, Gewerbesteuer)

A

b) Energiesteuer, Tabaksteuer, Stromsteuer

A

c) Die Lohnsteuer ist eine Erhebungsform der Einkommensteuer für Einkünfte aus nicht selbstständiger Arbeit. Die Einkommensteuer umfasst aber zusätzlich auch noch alle anderen Einkunftsarten. Da die Lohnsteuer den größten Teil der Einkommensteuer ausmacht, wird sie als eigener Posten dargestellt.

A, D

d) Z. B. Grundsteuer, Kfz-Steuer

A

e) Die Umsatzsteuer macht fast ein Drittel der gesamten Steuereinnahmen des Staates aus. Eine Senkung der Umsatzsteuer hätte somit gravierende Einnahmeausfälle für den Staatshaushalt zur Folge. Das Haushaltsdefizit würde sich möglicherweise erhöhen und die Staatsverschuldung zunehmen. Im Gegenzug könnte allerdings eine Belebung der Nachfrage wiederum für höhere Umsätze und damit auch wieder für höhere Steuereinnahmen sorgen.

E

4. Preisniveaustabilität und Geldpolitik

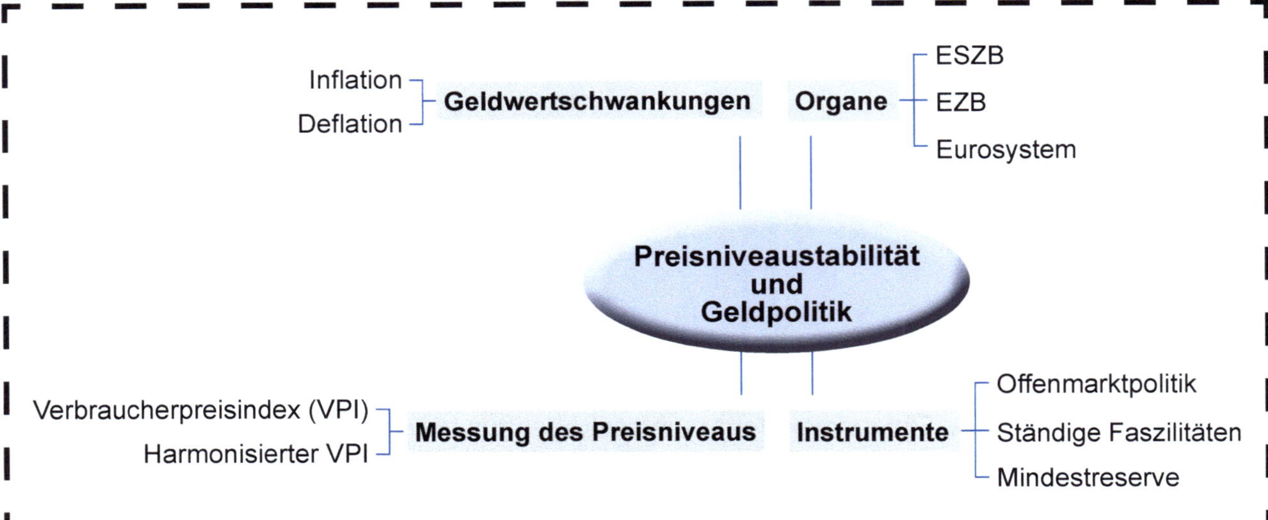

Was muss ich für die Prüfung wissen?

4.1 Preisniveaustabilität

Die Preisniveaustabilität ist ein wichtiges wirtschaftspoltisches Ziel und ist als solches im „Stabilitätsgesetz" der Bundesrepublik Deutschland verankert (vgl. Kapitel II.1).

Gemäß der EZB liegt ein **stabiles Preisniveau** dann vor, wenn die Preissteigerungsrate, gemessen am Harmonisierten Verbraucherpreisindex (HVPI), unter, aber nahe der 2 %-Marke liegt.

4.2 Verbraucherpreisindex (VPI)

Der **Verbraucherpreisindex** für Deutschland misst die durchschnittliche Preisentwicklung aller Waren und Dienstleistungen, die von privaten Haushalten für Konsumzwecke gekauft werden.

Er liefert ein Gesamtbild der Teuerung in Deutschland, bei dem alle Haushaltstypen, alle Regionen von Deutschland und sämtliche dort nachgefragten Waren und Dienstleistungen einbezogen sind.

Der Verbraucherpreisindex dient

- als Indikator zur Beurteilung der Geldwertentwicklung (Preisniveaustabilität) in Deutschland
- als Orientierungsmaßstab bei Lohnverhandlungen
- als Rechengröße für Wertsicherungsklauseln[1] in Verträgen
- zur Deflationierung in den Volkswirtschaftlichen Gesamtrechnungen, insbesondere bei der Berechnung des realen Wirtschaftswachstums.

[1] Vertragliche Vereinbarung, durch die Geldschulden wertbeständig gemacht werden.

Der **Warenkorb** des Verbraucherpreisindex besteht aus ca. 700 Gütern. Für jede Güterart (auch Dienstleistungen) wird die Preisentwicklung berechnet. Der gesamte Verbraucherpreisindex ist ein gewichteter Mittelwert aus der Preisentwicklung aller ca. 700 Güterarten.

Für die einzelnen Güterarten wird ein Gewicht bestimmt, mit dem sie in den Gesamtindex eingehen. Das **Wägungsschema** quantifiziert, welchen Anteil die Güterart an den gesamten Verbrauchsausgaben der privaten Haushalte haben.

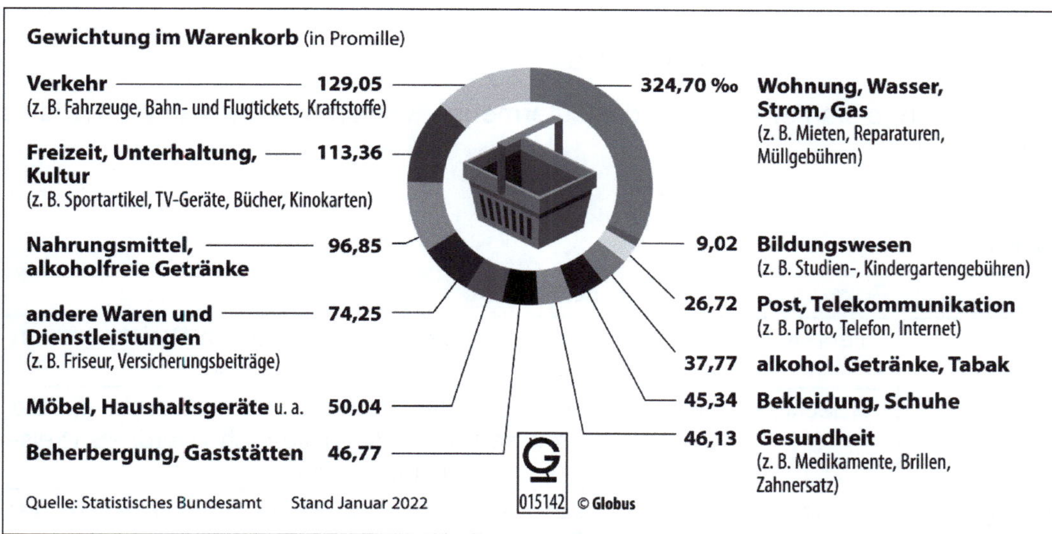

Der **Harmonisierte Verbraucherpreisindex** (HVPI) wird zur Inflationsmessung auf internationaler europäischer Ebene herangezogen. Er dient insbesondere zur

- Messung des Konvergenzkriteriums „Preisstabilität", um beurteilen zu können, ob ein Mitgliedstaat der Europäischen Wirtschafts- und Währungsunion beitreten kann
- Beurteilung der Preisstabilität innerhalb der Eurozone durch die EZB.

Die Erfassungsbereiche des deutschen VPI und des HVPI unterscheiden sich hauptsächlich durch die zusätzliche Einbeziehung des vom Eigentümer selbst genutzten Wohneigentums, von Glücksspielen, der Kraftfahrzeugsteuer und Zulassungsgebühr im deutschen VPI.

4.3 Geldwertschwankungen

Eine Änderung des Preisniveaus geht mit einer Änderung des Geldwertes einher, da man sich dann für das gleiche Geld mehr bzw. weniger Güter kaufen kann als vorher. Die Kaufkraft des Geldes unterliegt also Schwankungen, die von der Entwicklung des Preisniveaus abhängig sind.

$$\textbf{Kaufkraft (Geldwert)} = \frac{\textbf{1}}{\textbf{Preisniveau}}$$

Steigt das Preisniveau, so sinkt die Kaufkraft.
Sinkt das Preisniveau, so steigt die Kaufkraft.

Grundsätzlich unterscheidet man bei den Geldwertschwankungen zwischen Inflation und Deflation.

a) Inflation

Als **Inflation** bezeichnet man eine andauernde und signifikante Zunahme des allgemeinen Preisniveaus für Waren und Dienstleistungen in einer Volkswirtschaft. Eine Inflation geht einher mit einer **Abnahme des Geldwertes**.

Von entscheidender Bedeutung für das Einsetzen einer Inflation ist das Verhältnis von Geldmenge zu Gütermenge in einer Volkswirtschaft.

$$\frac{\text{Geldmenge}}{\text{Gütermenge}}$$

Wenn die Geldmenge stärker steigt als die Gütermenge, verliert das Geld an Wert und es kommt zur Inflation.

Formen der Inflation:

Kriterium	Form	Erklärung
Erkennbarkeit	Offene Inflation	Der sinkende Geldwert ist durch Preissteigerungen offensichtlich wahrnehmbar.
	Verdeckte Inflation	Der sinkende Geldwert wirkt sich nicht auf die Preise aus (z. B. durch staatlich verordnete Preisstopps, Lohnstopps etc.).
Ausmaß der Preissteigerung	Schleichende Inflation	Langsamer aber kontinuierlicher Anstieg der Preise; die Preissteigerungsrate beträgt nur wenige Prozent.
	Trabende Inflation	Deutliches Ansteigen der Preise (Preissteigerungsrate ca. 5 - 20 %).
	Galoppierende Inflation	Rapides Ansteigen der Preise (Preissteigerungsrate > 20 %)
	Hyperinflation	Extremes Ansteigen der Preise (Preissteigerungsrate > 50 %)
Ursache	Nachfrageinflation	Die Preissteigerung wird durch eine erhöhte Nachfrage ausgelöst.
	Angebotsinflation	Die Gründe für die Preissteigerung liegen auf der Anbieterseite.

Ursachen der Inflation:

Nachfrageinflation: Durch eine steigende Nachfrage bei unverändertem Güterangebot kommt es zu einem Preisanstieg. Die erhöhte Nachfrage kann ausgelöst werden durch

- die privaten Haushalte (höhere Konsumausgaben)
- den Staat (höhere Investitionen oder Konsumausgaben)
- die Unternehmen (höhere Investitionen)
- das Ausland (erhöhte Güternachfrage).

Angebotsinflation: Die Impulse für die Inflation gehen von der Angebotsseite aus. Hierfür kann es folgende Gründe geben:

- Kosteninflation: Die Unternehmen geben Kostensteigerungen über die Preise an die Abnehmer weiter (z. B. höhere Rohstoffpreise, höhere Lohnkosten).
- Gewinninflation: Die Unternehmen erhöhen ihre Preise, um mehr Gewinn zu erzielen (höherer Gewinnaufschlag).

Importierte Inflation: Bei einer importierten Inflation liegen die Ursachen für die Preissteigerung in den Außenbeziehungen einer Volkswirtschaft. Dies kann z. B. eintreten, wenn

- die Importpreise wichtiger Rohstoffe steigen (z. B. für Erdöl)
- verstärkter Güterexport im Inland zu einer Verknappung von Gütern und einer Erhöhung der Geldmenge (durch die Exporterlöse) führt
- eine Abwertung der Inlandswährung gegenüber ausländischen Währungen die eben genannten Effekte verstärkt.

Stagflation: Von einer „Stagflation" spricht man, wenn Stagnation (stagnierendes Wirtschaftswachstum) und Inflation (Preissteigerung) gleichzeitig auftreten.

Auswirkungen einer Inflation:

Steigt das Preisniveau, so sinkt die Kaufkraft des Geldes.

Dadurch ergeben sich folgende Konsequenzen:

- **Einkommensbezieher:** Die Reallöhne sinken, wenn die Preissteigerung höher ist als der nominale Lohnzuwachs. Das bedeutet, dass die Arbeitnehmer sich für ihren Lohn weniger Güter und Dienstleistungen kaufen können. Das Gleiche gilt für die Empfänger von Renten und anderen Einkommen.
- **Unternehmen:** Die Unternehmen müssen mit steigenden Kosten rechnen (Material, Löhne etc.).
- **Vermögenswerte:** Sachvermögen gewinnt real an Wert, Geldvermögen verliert real an Wert. Bei Geldanlagen ist ein Wertverlust vor allem dann gegeben, wenn die Preissteigerungsrate über dem Zinssatz der Geldanlage liegt. Die Folge ist oft eine abnehmende Sparneigung verbunden mit einer „Flucht" in Sachwerte.
- **Schulden:** Die Inflation begünstigt Geldschuldner und benachteiligt Gläubiger, da die geschuldeten Geldbeträge real an Wert verlieren.

Lohn-Preis-Spirale: Lohnerhöhungen führen über Kostenerhöhungen zu einem Preisanstieg, der wiederum weitere Lohnerhöhungen hervorruft. Dieser sich selbst verstärkende Kreislauf schraubt die Preise in die Höhe.

b) Deflation

Als **Deflation** bezeichnet man einen allgemeinen und anhaltenden Rückgang des Preisniveaus für Waren und Dienstleistungen in einer Volkswirtschaft. Dies ist mit einer **Zunahme des Geldwertes** verbunden.

Sinkt das Preisniveau, so steigt die Kaufkraft des Geldes.

Die **Auswirkungen** einer Deflation sind die umgekehrten wie bei einer Inflation:

- **Einkommensbezieher:** Die Reallöhne nehmen zu, d. h. bei gleichbleibendem Nominallohn können sich die Lohnempfänger nun mehr Güter und Dienstleistungen kaufen.
- **Unternehmen:** Die Unternehmen müssen mit sinkenden Preisen rechnen. Allerdings gilt dies nicht nur für die Kosten-, sondern auch für die Absatzseite.

- **Vermögenswerte:** Sachvermögen verliert real an Wert, Geldvermögen gewinnt real an Wert.
- **Schulden:** Von der Deflation profitieren die Gläubiger, da ihre Forderungen real an Wert gewinnen; die Schuldner hingegen müssen real gesehen höhere Werte zurückzahlen.

4.4 EZB, ESZB und Eurosystem

Rechtliche Grundlagen für die gemeinsame Geldpolitik innerhalb der EU sind der Vertrag zur Gründung der Europäischen Gemeinschaft und die Satzung des Europäischen Systems der Zentralbanken und der Europäischen Zentralbank (1. Juni 1998).

a) Europäische Zentralbank (EZB)

Die **EZB** ist die gemeinsame Währungsbehörde („Währungshüterin") der Mitgliedsstaaten der Europäischen Währungsunion.

Die **Aufgaben der EZB** bestehen vor allem darin,

- die Geldpolitik des Eurosystems festzulegen und auszuführen und
- geldpolitische Operationen zu beschließen, zu koordinieren und zu überwachen.

Organe der EZB

Direktorium	EZB-Rat	Erweiterter Rat
Leitendes Organ	**Beschlussorgan**	**„Übergangsgremium"***
Zusammensetzung: Präsident Vizepräsident + vier weitere Mitglieder	Zusammensetzung: sechs Mitglieder des Direktoriums + Präsidenten aller nationalen Zentralbanken der Länder des Euroraums.	Zusammensetzung: Präsident und Vizepräsident der EZB + Präsidenten der nationalen Zentralbanken der EU-Mitgliedstaaten
Hauptaufgaben: • Durchführung der vom EZB-Rat beschlossenen Geldpolitik • Führung der laufenden Geschäfte der EZB	Hauptaufgabe: Festlegung der Geldpolitik des Euroraums	Hauptaufgabe: überwiegend beratende und statistische Funktionen * Er wird aufgelöst, wenn alle EU-Staaten den Euro eingeführt haben.

b) Europäisches System der Zentralbanken (ESZB)

Das **ESZB** umfasst die EZB und die nationalen Zentralbanken aller EU-Mitgliedstaaten, unabhängig davon, ob sie den Euro eingeführt haben oder nicht.

c) Eurosystem

Das **Eurosystem** besteht aus der EZB und den nationalen Zentralbanken der Länder, die den Euro eingeführt haben. Solange es EU-Mitgliedstaaten gibt, die nicht dem Euro-Währungsgebiet angehören, werden das Eurosystem und das ESZB nebeneinander bestehen.

Während die EZB in erster Linie geldpolitische Entscheidungen fällt, sind die nationalen Zentralbanken für die operative Durchführung der Geldpolitik in den jeweiligen Mitgliedstaaten zuständig.

d) Euro-Währungsgebiet (Euroraum)

Der Euroraum ist das Gebiet, das sich aus den Mitgliedstaaten der Europäischen Union (EU) zusammensetzt, die den Euro als gemeinsame Währung eingeführt haben.

4.5 Konvergenzkriterien

Die „**Konvergenzkriterien**" legen die wirtschaftlichen und rechtlichen Voraussetzungen für die erfolgreiche Teilnahme an der Wirtschafts- und Währungsunion fest. Die EU-Mitgliedstaaten müssen diese Kriterien erfüllen, ehe sie den Euro einführen können.

a) Preisstabilität

Die Preissteigerungsrate darf 1,5 % des Durchschnitts der drei preisstabilsten Mitgliedsstaaten nicht überschreiten.

b) Zinsniveau

Die Zinsen für langfristige Staatspapiere dürfen ein Jahr lang bis zur Feststellung 2 % der Zinssätze der Staatsanleihen der drei preisstabilsten Länder nicht übersteigen.

c) Wechselkursstabilität

An der Währungsunion dürfen nur jene Mitgliedsstaaten teilnehmen, die mindestens zwei Jahre lang vor der Konvergenzprüfung am Europäischen Wechselkurssystem (EWS) mit normaler Bandbreite ohne starke Spannungen teilgenommen haben. Insbesondere darf das Land den bilateralen Leitkurs seiner Währung gegenüber einer anderen Teilnehmerwährung nicht von sich aus abgewertet haben.

d) Haushaltsdisziplin

Es wurde mit Rücksicht auf die Haushaltskonsolidierung bestimmt, dass

- die **Neuverschuldung** des öffentlichen Haushalts eines Landes **3 %** des Bruttoinlandsprodukts nicht übersteigen darf und
- der gesamte öffentliche **Schuldenstand 60 %** des BIPs nicht übersteigen darf. Ausnahme: Es handelt sich um einen laufend rückläufigen Wert in Nähe der 3 % und die gesamte Schuldenquote ist hinreichend rückläufig.

4.6 Geldpolitische Instrumente

Das vorrangige Ziel der Geldpolitik des ESZB ist es, die **Preisstabilität** zu gewährleisten. Darüber hinaus soll sie, soweit dies ohne Beeinträchtigung des Zieles der Preisstabilität möglich ist, die allgemeine Wirtschaftspolitik in der Europäischen Gemeinschaft unterstützen.

Zur Verwirklichung dieser Ziele stehen der EZB folgende Instrumente zur Verfügung:

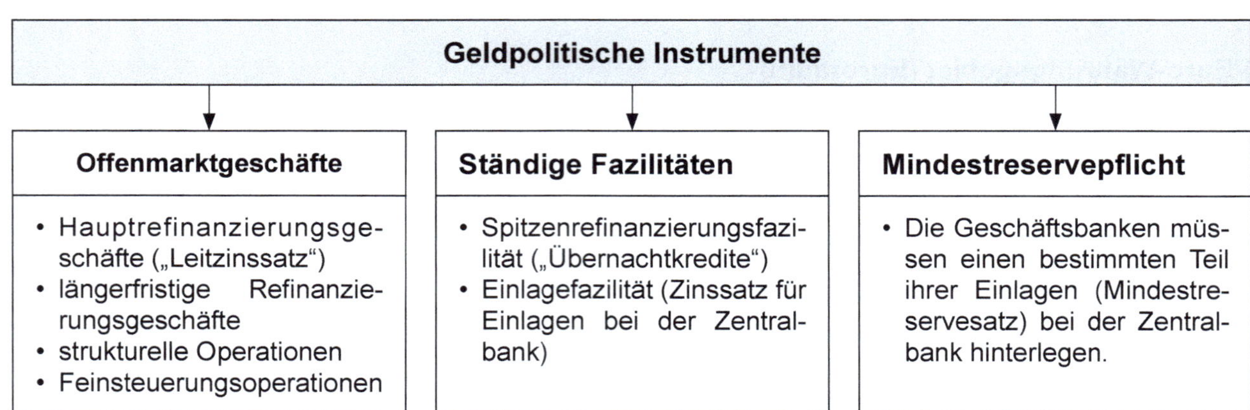

a) Offenmarktgeschäfte

Bei diesen Transaktionen agiert die Zentralbank als Teilnehmer (z. B. Käufer oder Verkäufer) auf dem Markt.

- **Hauptrefinanzierungsgeschäfte:**

  Die Geschäftsbanken können sich zeitlich begrenzt Liquidität bei der Zentralbank verschaffen, indem sie notenbankfähige Sicherheiten (Wertpapiere) bei der Zentralbank hinterlegen (Wertpapierpensionsgeschäfte). Die Laufzeit beträgt eine Woche. Die Zinsen, welche die Geschäftsbanken hierfür an die Zentralbank entrichten müssen, bestimmen sich nach dem Hauptrefinanzierungssatz der EZB.

  Da die Geschäftsbanken diese Zinskosten üblicherweise an ihre Kreditnehmer weitergeben, hat der Hauptrefinanzierungssatz eine Signalfunktion für die Geldmarktzinsen.

  Hauptrefinanzierungssatz = „Leitzinssatz“! Die EZB kann mithilfe des Hauptrefinanzierungssatzes das Zinsniveau am Geldmarkt beeinflussen. Der Hauptrefinanzierungssatz hat somit geldpolitische Leitfunktion.

- **Längerfristige Refinanzierungsgeschäfte:**

  Die längerfristigen Refinanzierungsgeschäfte dienen dazu, dem Bankensystem längerfristig Zentralbankgeld zur Verfügung zu stellen. Dabei wird den Banken monatlich Liquidität für einen Zeitraum von drei Monaten bereitgestellt.

  Infolge der Finanzkrise hat das Eurosystem die Häufigkeit und Laufzeit der längerfristigen Liquiditätsbereitstellung deutlich ausgeweitet. So werden zeitlich befristet nun auch Operationen mit einer Laufzeit von sechs bzw. zwölf Monaten durchgeführt.

- **Strukturelle Operationen:**

  Mithilfe von strukturellen Operationen versucht die EZB die Liquiditätssituation der Geschäftsbanken langfristig zu beeinflussen, indem Sie ihnen über den Kapitalmarkt Geld entzieht oder zuführt. Dies kann durch befristete Transaktionen (z. B. Ausgabe von Schuldverschreibungen) oder endgültige Käufe/Verkäufe von Wertpapieren am Kapitalmarkt erfolgen.

- **Feinsteuerungsoperationen:**
  Hier verfolgt die EZB das Ziel, kurzfristige Liquiditätsschwankungen der Geschäftsbanken am Markt auszugleichen. Dies geschieht z. B. über Devisenswapgeschäfte, Hereinnahme von Termineinlagen etc.

b) Ständige Fazilitäten

Die ständigen Fazilitäten dienen der Bereitstellung und Abschöpfung von Liquidität bis zum nächsten Geschäftstag. Sie können auf Initiative der Geschäftsbanken je nach Bedarf in Anspruch genommen werden.

- **Spitzenrefinanzierungsfazilität:**
  Die Geschäftsbanken können „über Nacht" bei der Zentralbank besicherte Kredite aufnehmen, um kurzfristige Liquiditätsengpässe auszugleichen. Der Spitzenrefinanzierungssatz stellt die Obergrenze der Zinssätze auf dem Geldmarkt dar.

- **Einlagefazilität:**
  Die Geschäftsbanken können überschüssige Liquidität bei der Zentralbank bis zum nächsten Geschäftstag anlegen. Der hierfür von der EZB festgelegte Zinssatz bildet die Untergrenze der Geldmarktzinsen.

Überblick über die geldpolitischen Zinssätze:

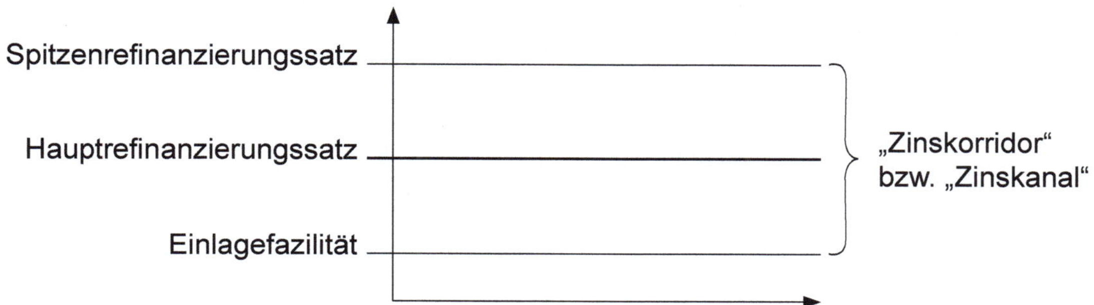

Der Basiszinssatz ist kein geldpolitischer Zinssatz! Der Basiszinssatz dient als Grundlage für die Berechnung des Verzugszinssatzes nach § 288 BGB (fünf bzw. neun Prozentpunkte über Basiszins). Er verändert sich zum 01.01. und 01.07. eines jeden Jahres um die Prozentpunkte, um welche die Bezugsgröße (marginaler Satz der jüngsten Hauptrefinanzierungsoption der EZB) seit der letzten Veränderung des Basiszinssatzes gestiegen oder gefallen ist.

Aktuelle geldpolitische Zinssätze finden Sie online unter www.bundesbank.de.

c) Mindestreservepflicht

Die Geschäftsbanken sind verpflichtet, ein bestimmtes Mindestguthaben (Mindestreserve) auf ihrem Girokonto bei der Zentralbank zu halten. Die Höhe der Mindestreserve ergibt sich, indem man die Mindestreservebasis (vereinfacht: kurzfristige Kundeneinlagen) mit dem Mindestreservesatz multipliziert. Durch Veränderungen des Mindestreservesatzes kann die EZB den Geschäftsbanken Liquidität entziehen oder zuführen.

Was erwartet mich in der Prüfung?

1. Das Lernlabyrinth

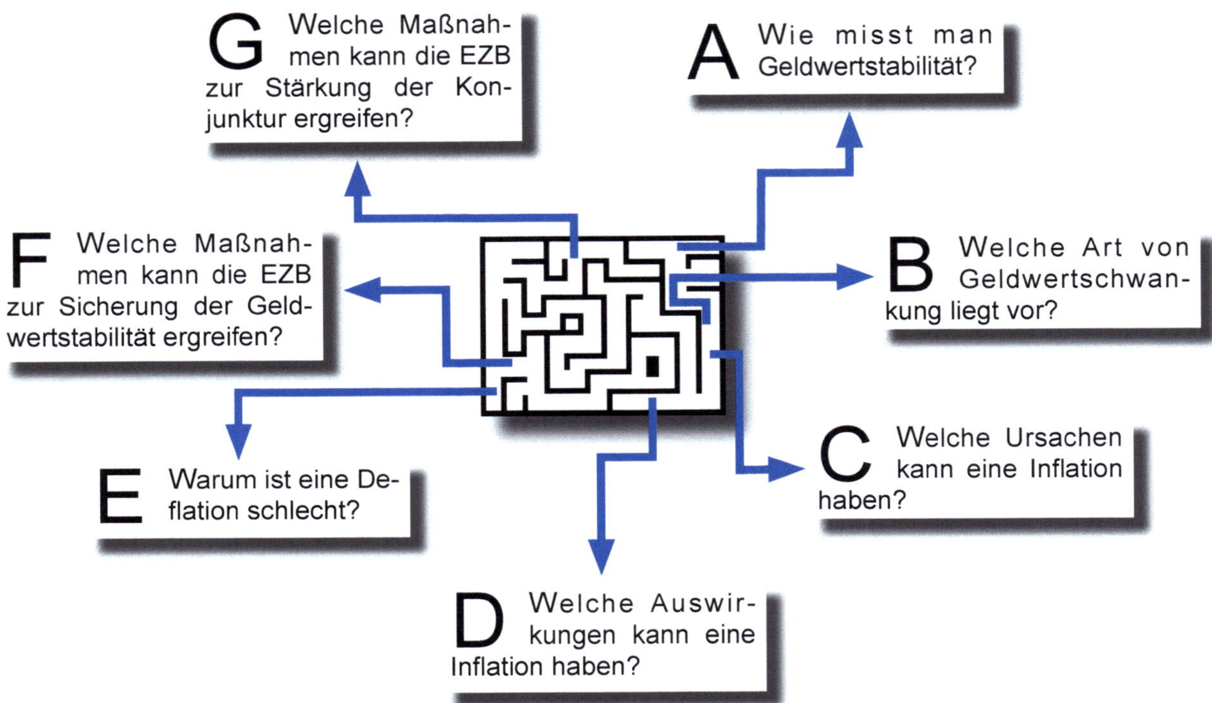

2. Wege aus dem Lernlabyrinth

A Wie misst man Geldwertstabilität?

1. Welcher Indikator zeigt die Geldwertstabilität an?

Als Maßstab für die Geldwertstabilität in Deutschland dient der **Verbraucherpreisindex (VPI)**, innerhalb der EU der **harmonisierte Verbraucherpreisindex (HVPI)**.

Preisniveaustabilität ist nicht gleich stabiler Wechselkurs! Zwar können Wechselkursschwankungen das Preisniveau im Inland beeinflussen (siehe importierte Inflation); Wechselkurse sind jedoch kein geeignetes Maß für den Binnenwert des Geldes, sondern vielmehr für den Außenwert einer Währung (siehe Kapitel II.5). Wechselkurse können auch variieren, ohne dass es im Inland zu einer Veränderung des Preisniveaus kommt. Dies kann z. B. dann der Fall sein, wenn sich der Binnenwert der Auslandswährung geändert hat oder Spekulationen an den Devisenmärkten Kursschwankungen hervorrufen.

Daten zum Verbraucherpreisindex liefert das Statistische Bundesamt (www.destatis.de).

2. Wie berechnet man Preisniveauveränderungen?

Beispiel:

Der **Verbraucherpreisindex** wird vom Statistischen Bundesamt insgesamt und nach verschiedenen Gütergruppen ausgewiesen. Als Maß für das Preisniveau der gesamten Volkswirtschaft wird der Gesamtindex herangezogen.

Verbraucherpreisindex 2015 = 100				
Jahr	Verbraucher-preisindex insgesamt	Nahrungsmittel und alkoholfreie Getränke 01	Alkoholische Getränke und Tabakwaren 02	Bekleidung und Schuhe 03
2021	109,1	113,1	116,6	104,0
2020	105,8	109,7	113,6	102,2
2019	105,3	107,2	110,7	103,1
2018	103,8	106,0	108,0	101,7
2017	102,0	103,6	104,7	101,4

Der Index bezieht sich stets auf ein Basisjahr (in diesem Fall 2015), das mit 100 gleichgesetzt wird.

Frage: Um wie viel Prozent haben sich die Verbraucherpreise von 2015 auf 2021 erhöht?

Der Verbraucherpreisindex ist vom Jahr 2015 bis zum Jahr 2021 von 100 auf 109,1 gestiegen.
⇒ Die Verbraucherpreise sind von 2015 bis 2021 um 9,1 % gestiegen.

Frage: Um wie viel Prozent haben sich die Verbraucherpreise von 2019 auf 2021 erhöht?

Berechnung: (109,1 : 105,3) · 100 % = 103,61
⇒ Die Verbraucherpreise sind von 2019 auf 2021 um 3,61 % gestiegen.

Frage: Um wie viel Prozent ist die Kaufkraft im gleichen Zeitraum gesunken?

Berechnung über folgenden Dreisatz:

X : 100 = 105,3 : 109,1
X = (105,3 : 109,1) · 100
X = 96,52
100 - 96,52 = 3,48
⇒ Die Kaufkraft des Geldes hat von 2019 auf 2021 um 3,48 % abgenommen.

B Welche Art von Geldwertschwankung liegt vor?

Beispiel:

Ihnen liegt folgendes Schaubild zur Preisentwicklung in Deutschland vor.

Verbraucherpreisindex (2015 = 100)
Veränderung gegenüber Vorjahr in %

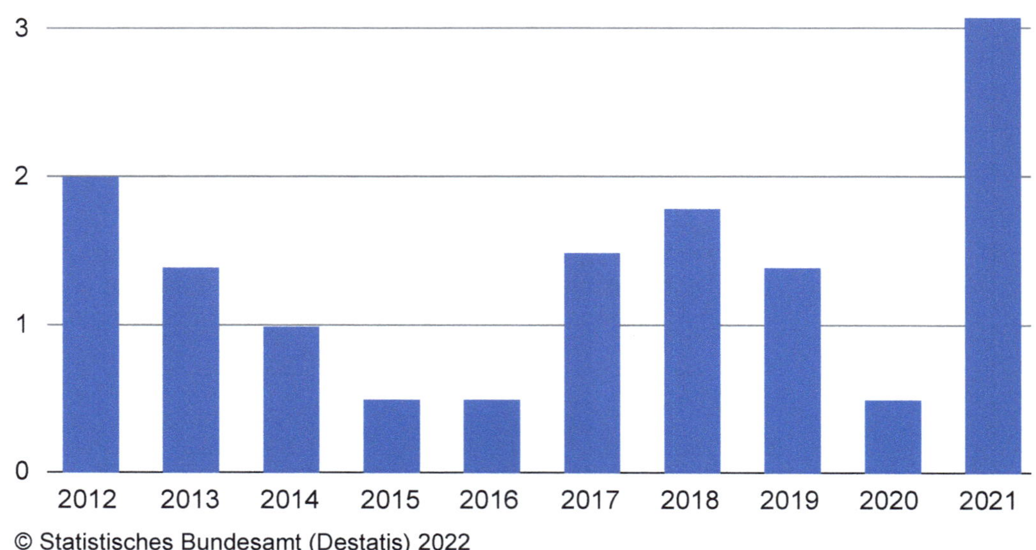

© Statistisches Bundesamt (Destatis) 2022

Frage: Welche Art von Geldwertschwankung lässt sich daraus erkennen?

1. Inflation oder Deflation? Die positiven Veränderungsraten des VPI bedeuten, dass die Verbraucherpreise leicht steigen. Es liegt eine (leichte) Inflation vor.

2. Ausmaß der Inflation: Da sich die jährliche Veränderungsrate des VPI im Berichtszeitraum in einem Bereich von nur wenigen Prozent bewegt, spricht man von einer „schleichenden" Inflation. Obwohl die Preise von Jahr zu Jahr leicht steigen, wird diese Preissteigerung kaum wahrgenommen. Das wirtschaftspolitische Ziel der Preisniveaustabilität kann als gewährleistet betrachtet werden.

Die Preissteigerung einzelner Gütergruppen kann erheblich vom VPI abweichen (siehe Schaubild auf folgender Seite).

Beispiel:

Im Januar 2022 übertraf die Preissteigerung für Leistungen im Verkehr (+ 10,6 %) die Veränderung des Verbraucherpreisindex (+ 4,9 %) deutlich, während die Preissteigerung im Bereich Gesundheit (+ 0,9 %) deutlich geringer ausfiel.

Verbraucherpreisindizes für alle Gütergruppen, Januar 2022
Veränderung gegenüber dem Vorjahresmonat in %

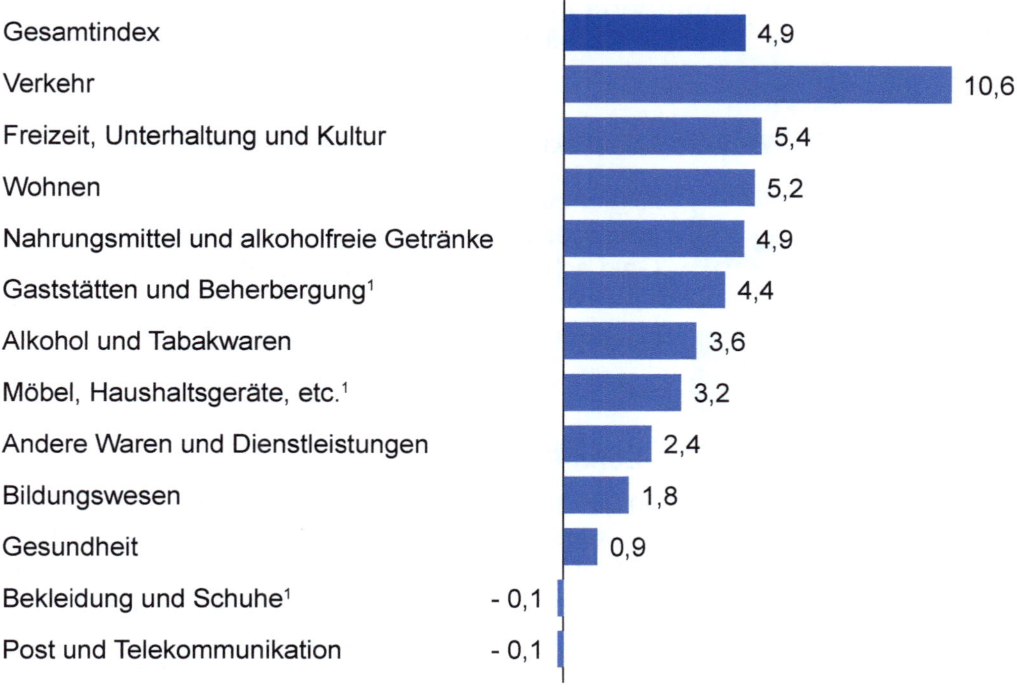

[1] Aussagewert eingeschränkt, da der Zahlenwert statistisch relativ unsicher ist

© Statistisches Bundesamt (Destatis), 2022

C Welche Ursachen kann eine Inflation haben?

Behalten Sie das **Verhältnis von Gütermenge zu Geldmenge** im Auge. Ereignisse, die bewirken, dass die Gütermenge stärker wächst als die Geldmenge, können Auslöser für eine Inflation sein.

Ferner ist zu beachten, ob die Ursachen der Inflation auf der Nachfrage- oder Angebotsseite zu suchen sind.

Beispiel 1:
Der private Konsum steigt deutlich an. Die Unternehmen weiten ihre Investitionen aus, um die erhöhte Nachfrage befriedigen zu können. Die Geschäftsbanken vergeben verstärkt Investitions- und Konsumentenkredite und refinanzieren sich wiederum über die Zentralbank. Die umlaufende Geldmenge steigt. Die produzierte Gütermenge steigt zwar auch, jedoch nur in geringerem Maße, da die Investitionen nicht sofort zu einer Produktivitätssteigerung führen. Das Preisniveau steigt.

⇒ Da das auslösende Ereignis eine Nachfrageerhöhung ist, liegt eine **Nachfrageinflation** vor.

Beispiel 2:
Die Weltmarktpreise für Rohöl ziehen deutlich an. Für die Unternehmen entstehen dadurch höhere Kosten. Die Verbraucher müssen höhere Preise für Benzin, Diesel und Heizöl bezahlen. Außerdem erhöhen sich auch die Preise für viele andere Güter, für deren Produktion Erdöl benötigt wird (z. B. Kunststoffindustrie, chemische Industrie etc.). Das Preisniveau steigt.

⇒ Da das auslösende Ereignis eine Kostenerhöhung auf der Anbieterseite ist, spricht man von einer **Angebotsinflation**. Zudem handelt es sich um eine **importierte Inflation**, da der Import von Gütern (hier: Erdöl) aus dem Ausland für die Inflation maßgebend war.

D Welche Auswirkungen kann eine Inflation haben?

Allgemein ist es so, dass alle Personen, die Geldvermögen beziehen oder besitzen, von einer Inflation benachteiligt und diejenigen, die Geld schulden, begünstigt werden.

Eine Inflation kann sich selbst verstärken.

Beispiel: Lohn-Preis-Spirale

Tarifverhandlungen zwischen Gewerkschaften und Arbeitgeberverbänden stehen bevor. Die jährliche Preissteigerungsrate beträgt zurzeit 4 %. Würden die Löhne konstant bleiben, müssten die Arbeitnehmer einen Kaufkraftverlust ihres Einkommens hinnehmen, die Reallöhne würden sinken. Damit der Reallohn der Arbeitnehmer nicht sinkt, müsste die Inflationsrate in die Tariferhöhung einkalkuliert werden. Da die Gewerkschaften darüber hinaus jedoch auch einen realen Einkommenszuwachs für die Arbeitnehmer anstreben, fordern sie eine Lohnerhöhung von 8 %. Am Ende einigen sich die Tarifparteien auf eine Lohnerhöhung um 6 %. Die Unternehmen kalkulieren die höheren Lohnkosten in ihre Produktpreise ein, die Preissteigerungsrate nimmt dadurch von 4 % auf 5,5 % zu und der Kreislauf beginnt wieder von vorne.

Produktivitätszuwachs beachten! Lohnsteigerungen müssen nicht automatisch Preissteigerungen hervorrufen. Solange die Lohnsteigerungen dem Produktivitätszuwachs entsprechen, erhöhen sich die Lohnstückkosten nicht. Lohnbedingte Preiserhöhungen wären dann nicht notwendig.

E Warum ist eine Deflation schlecht?

Eine Deflation ist deshalb für eine Volkswirtschaft gefährlich, weil sie prinzipiell mit einem Nachfragerückgang einhergeht. In wirtschaftlich schlechten Zeiten verhalten sich Konsumenten und Investoren vorsichtig. Konsumneigung und Investitionsbereitschaft sinken, die Wirtschaft schrumpft, die Arbeitslosigkeit nimmt zu, die Nachfrage sinkt noch weiter, die Preise ebenfalls (Deflationsspirale).

Eine anhaltende Deflation hat es in der Geschichte der Bundesrepublik Deutschland jedoch noch nicht gegeben; ihr Eintreten gilt als eher unwahrscheinlich. Ausgeprägter ist hingegen der Preisverfall bei einzelnen Gütergruppen, z. B. der Verfall der Immobilienpreise in der Finanzkrise.

F Welche Maßnahmen kann die EZB zur Sicherung der Geldwertstabilität ergreifen?

Die Maßnahmen zur Sicherung der Geldwertstabilität werden von der EZB beschlossen, um eine Inflation zu bekämpfen bzw. zu verhindern. Sie bewirken i. d. R., dass die umlaufende Geldmenge abnimmt bzw. das Geldmengenwachstum gedrosselt wird.

In der Regel erfolgen Leitzinsveränderungen nicht in einem großen Schritt, sondern in mehreren kleinen Stufen.

Beispiel 1: Erhöhung der „Leitzinsen“

Die EZB erhöhte den Hauptrefinanzierungssatz („Leitzinssatz“) zwischen 2005 und 2008 in mehreren kleinen Schritten von 2 % auf knapp über 4 %, um eine durch Überhitzung der Konjunktur drohende Inflation zu verhindern. Die Leitzinserhöhung macht für die Geschäftsbanken die Liquiditätsbeschaffung über Hauptrefinanzierungsgeschäfte teurer. Die Geschäftsbanken wiederum geben die höheren Zinssätze über Konsumenten- und Investitionskredite weiter an Verbraucher und Unternehmen. Deren Bereitschaft, teurere Kredite aufzunehmen, sinkt. Dadurch werden Nachfrage und umlaufende Geldmenge gedrosselt, die Inflation gedämpft.

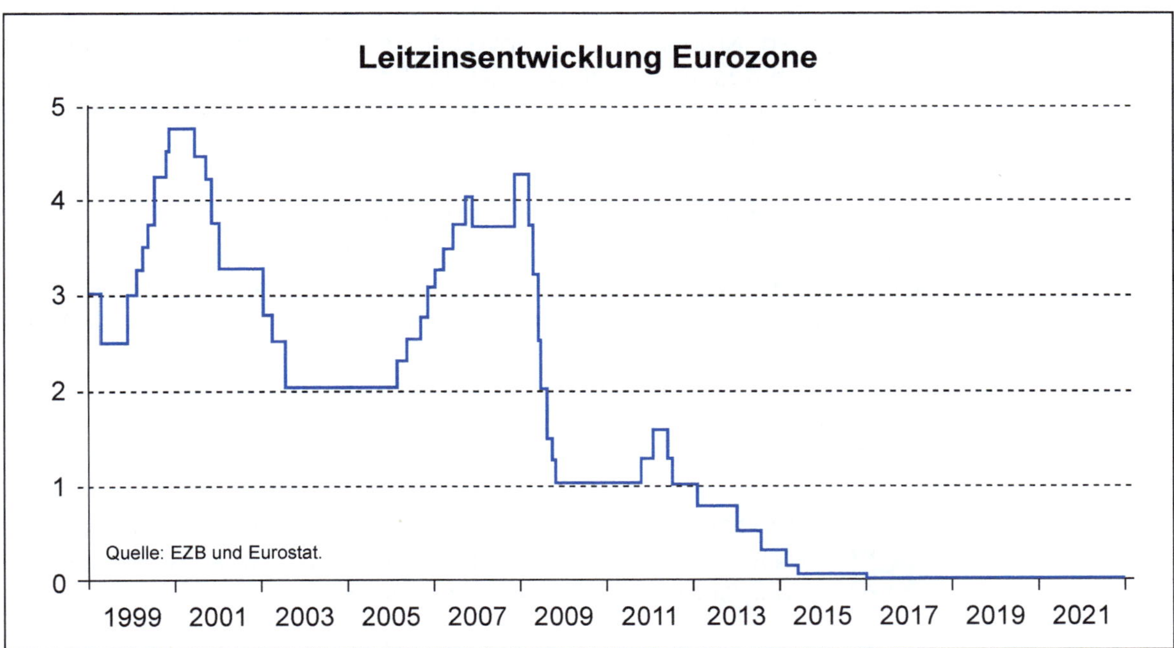

Beispiel 2: Erhöhung des Mindestreservesatzes

Zur Inflationsbekämpfung kann die EZB auch den Mindestreservesatz anheben. Dadurch müssen die Geschäftsbanken einen höheren Teil ihrer Einlagen bei der EZB hinterlegen. Die umlaufende Geldmenge verringert sich, den Geschäftsbanken stehen weniger Mittel für die Kreditvergabe zur Verfügung und die Inflation wird gedämpft.

Von diesem Instrument (Erhöhung des Mindestreservesatzes) hat die EZB seit Beginn der dritten Stufe der Wirtschafts- und Währungsunion (1999) jedoch keinen Gebrauch gemacht.

Auch die Erhöhung der anderen EZB-Zinssätze (Spitzenrefinanzierungssatz, Einlagefazilität) sowie der Verkauf von Wertpapieren haben eine inflationsdämpfende Wirkung.

G Welche Maßnahmen kann die EZB zur Stärkung der Konjunktur ergreifen?

Neben der Sicherung der Preisniveaustabilität soll die EZB auch die Wirtschaftspolitik der Europäischen Gemeinschaft unterstützen. Insbesondere soll die EZB mithelfen, dass ein andauerndes Wirtschaftswachstum und ein hoher Beschäftigungsstand erreicht werden.

Hierzu stehen der EZB die gleichen Instrumente zur Verfügung wie zur Sicherung der Geldwertstabilität. Der Wirkungszusammenhang der Maßnahmen ist jedoch genau umgekehrt.

Beispiel 1: Senkung des Leitzinssatzes
Senkt die EZB den Leitzinssatz, können die Geschäftsbanken den niedrigeren Zinssatz über ihre Kreditvergabe an die Unternehmen und Konsumenten weitergeben. Kreditfinanzierte Investitionen und Konsumausgaben nehmen zu und fördern das Wirtschaftswachstum. So senkte die EZB den Leitzinssatz im Jahr 2009 in mehreren Schritten von 4,25 % auf 1 % und im März 2016 sogar von 0,25 % auf 0 %.

Beispiel 2: Senkung des Mindestreservesatzes
Am 18.01.2012 senkte die EZB den Mindestreservesatz von 2 % auf 1 %. Die Geschäftsbanken brauchen also nur noch einen geringeren Teil der Einlagen bei der Zentralbank hinterlegen, sodass sich ihr Spielraum für die Vergabe von Krediten erhöht.

Eine weitere mögliche Maßnahme wäre z. B. der Kauf von Wertpapieren durch die EZB.

Preisniveaustabilität hat Vorrang vor Wirtschaftswachstum! Die Maßnahmen zur Stärkung der Wirtschaft dürfen nicht zu einer Gefährdung der Preisniveaustabilität führen.

Wäre beispielsweise die Inflationsrate sehr hoch, wäre eine Senkung der Leitzinsen zur Ankurbelung der Wirtschaft im Hinblick auf die Preisniveaustabilität nicht zu verantworten.

So trainiere ich für die Prüfung

Aufgaben

1. Wissensfragen

1.1 Lernfragen

1. Definieren Sie den Begriff „Inflation“.

2. Geben Sie an, wie die Inflation gemessen wird und definieren Sie die Inflationsrate.

3. Führen Sie jeweils eine mögliche Ursache für eine Angebots- und Nachfrageinflation an.

4. Nennen Sie vier verschiedene Inflationsarten nach dem Ausmaß der Inflation.

5. Beschreiben Sie vier verschiedene wirtschaftliche Folgen einer Inflation.

6. Erklären Sie, was unter einer „Stagflation“ zu verstehen ist.

7. Erklären Sie das Wesen der Deflation und beschreiben Sie kurz Ursachen und Folgen.

8. Zeigen Sie den Zusammenhang zwischen Kaufkraft und Preisniveau auf.

9. Erläutern Sie, was unter einer „Lohn-Preis-Spirale“ zu verstehen ist.

10. Erklären Sie anhand eines Beispiels die Entstehung einer importierten Inflation.

11. Führen Sie drei Funktionen des Verbraucherpreisindex an.

12. Erläutern Sie den sogenannten „Zinskanal“.

13. Nennen Sie die drei Hauptformen geldpolitischer Geschäfte im Euro-Währungsgebiet.

14. Zählen Sie drei Beispiele für Offenmarktgeschäfte der EZB auf.

15. Erläutern Sie die Wirkung, die die EZB mit dem Kauf von Wertpapieren von Geschäftsbanken erzielt.

16. Erläutern Sie die Begriffe „Einlagenfazilität“ und „Spitzenrefinanzierungsfazilität“.

17. Erläutern Sie, wie sich die Erhöhung des Mindestreservesatzes geldpoltisch auswirkt.

18. Erläutern Sie die Begriffe EZB, ESZB und Eurosystem.

1.2 Mehrfachauswahl

1. Geben Sie an, welche der folgenden Aussagen zur Inflation zutreffend sind.

a) Lohn- und Preisstopp in Verbindung mit erhöhter Geldmenge können eine verdeckte Inflation hervorrufen.
b) Eine galoppierende Inflation wird meist durch staatliche Sparmaßnahmen verursacht.
c) Eine Inflation kann nachfrage- und angebotsbedingt sein.
d) Schleichende Inflation wird vor allem in Volkswirtschaften mit staatlichen Preisvorschriften beobachtet.
e) Lohnerhöhungen bewirken in allen Fällen eine Kosteninflation.
f) Preisrückgänge bei Computern als wichtige Wirtschaftsgüter haben für die Berechnung der Inflationsrate keine Bedeutung.

2. Der Preisindex für die Lebenshaltung aller privaten Haushalte basiert auf dem sogenannten Warenkorb. Welche der nachstehenden Aussagen über den Warenkorb sind richtig?

a) Der Warenkorb enthält keine Dienstleistungen.
b) Die Preise für die Waren im Warenkorb werden jährlich neu erhoben.
c) Der Inhalt eines Warenkorbes orientiert sich am Verbrauch eines Durchschnittshaushalts.
d) Die Waren im Warenkorb werden jährlich neu zusammengestellt.
e) Im Warenkorb sind alle Waren gleich gewichtet.
f) Der Warenkorb wird im Abstand von einigen Jahren immer wieder neu zusammengestellt.

3. Welche der folgenden Aussagen zur Deflation ist richtig?

a) Wenn die Inflationsrate sinkt, dann ist bereits eine Deflation gegeben.
b) Eine Deflation ist durch einen anhaltenden Rückgang des allgemeinen Preisniveaus gekennzeichnet.
c) Aufgrund der niedrigen Verbraucherpreise wird in den Phasen der Deflation langfristig ein nachhaltiger Nachfrageschub ausgelöst.
d) Eine Deflation ist im Regelfall mit dem Abbau von Arbeitslosigkeit verbunden.
e) Phasen der Deflation sind durch steigende Zinsen gekennzeichnet.

4. Zeigen Sie, welche Ursachen in einer Marktwirtschaft mit einer sehr geringen Inflationsrate zu einer Deflation führen können.

a) Erhebliche Kürzung der Staatsausgaben
b) Pessimistische Zukunftserwartungen mit starker Kaufzurückhaltung
c) Starke Erhöhung der Staatsausgaben
d) Vermehrte Investitionstätigkeiten in der Wirtschaft
e) Zu expansive Geldpolitik der Notenbank
f) Steigende Kreditnachfrage

5. In einer Marktwirtschaft steigen die Preise um durchschnittlich 2 % pro Jahr. Welche der folgenden Bezeichnungen für dieses Inflationsphänomen ist richtig?

a) Versteckte Inflation
b) Hyperinflation
c) Schleichende Inflation
d) Stagflation
e) Galoppierende Inflation

6. In einer sozialistischen Planwirtschaft wird der Preis für Heizöl von staatlicher Seite vorgeschrieben. Während eines strengen Winters wird das Heizöl knapp. Die Preise auf dem offiziellen Markt steigen nicht an, da der Staat seine Preisfestsetzung nicht ändert. Die Bevölkerung muss lange Zeit auf eine Heizöllieferung warten. Kennzeichnen Sie die richtigen Beschreibungen dieser Situation.

a) Angebotsinflation
b) Verdeckte Inflation
c) Es liegt kein Inflationsphänomen vor.
d) Offene Inflation
e) Nachfrageinflation
f) Importierte Inflation

7. Welche Aussagen über das Europäische System der Zentralbanken (ESZB) sind richtig?

a) Dem ESZB gehören nur die nationalen Zentralbanken der EU-Mitgliedstaaten an, die den Euro eingeführt haben.
b) Dem ESZB gehört unter anderem die Europäische Zentralbank (EZB) an.
c) Alle Mitglieder des ESZB können souveräne Geldpolitik betreiben.
d) Die EZB hat ihren Sitz in Frankfurt am Main.
e) Im ESZB wird die Rediskontierung von Wechseln als Instrument zur Geldmengensteuerung verwendet.
f) „Eurosystem“ und „Europäisches System der Zentralbanken“ sind austauschbare Begriffe.

8. Dauerhafte Konvergenzbemühungen der einzelnen Mitgliedstaaten sind wichtig, um in Europa ein Umfeld der Preisstabilität zu schaffen. Welche der folgenden Kriterien einer Volkswirtschaft gehören zu den Konvergenzkriterien, die für den Eintritt weiterer Staaten in die Währungsunion relevant sind?

a) Preisentwicklung
b) Öffentliche Haushaltsdisziplin
c) Arbeitslosigkeit
d) Außenwirtschaftliches Gleichgewicht
e) Entwicklung der langfristigen Zinsen
f) Wechselkursentwicklung
g) Gesamtwirtschaftliches Wachstum

9. Um ihre geldpolitische Funktion zu erfüllen, arbeitet die EZB auch mit der Mindestreservepolitik. Welche Aussage über die Mindestreservepolitik der EZB ist richtig?

a) Die Mindestreserve wird zum Hauptrefinanzierungssatz verzinst.
b) Die Mindestreserve wird zinslos bei der EZB unterhalten.
c) Mindestreservepflichtig sind Einlagen mit einer Laufzeit von mehr als zwei Jahren.
d) Die Mindestreserve wird in Gold bei der Zentralbank gehalten.
e) Die Verpflichtung, Mindestreserven zu halten, beeinflusst den Liquiditätsbedarf der Banken nicht.

10. Wirtschaftsanalysen rechnen nach Presseangaben damit, dass der Rat der EZB auf seiner nächsten Sitzung die Leitzinsen anheben wird. Geben Sie einen möglichen Grund dafür an.

a) Das Preisniveau im Euroraum ist instabil; es bewegt sich in einer Spannbreite von + 2 % bis zuletzt - 1 %.
b) Der Rat der EZB hat eine starke Nachfrage der Geschäftsbanken und der Unternehmen nach Krediten und eine relativ hohe Umlaufgeschwindigkeit der vorhandenen Geldmenge festgestellt.
c) Dem Rat der EZB sind das Sparverhalten und die Konsumzurückhaltung der privaten Haushalte zu stark.
d) Die Tarifparteien in den Ländern des Euroraums haben durchweg gemäßigte Lohnabschlüsse getätigt.
e) Der Rat der EZB rechnet mit zurückgehenden Weltmarktpreisen für wichtige Rohstoffe, insbesondere für Energierohstoffe wie Mineralöl und Biokraftstoffe.

11. Welche Wirkung können Sie von einer Verknappung der Geldmenge durch die Europäische Zentralbank erwarten?

a) Die Kredite für Investitionen werden günstiger und nehmen zu.
b) Das gesamte Zinsniveau wird sinken.
c) Die Kreditaufnahme für Unternehmen und private Haushalte verteuert sich.
d) Die Nachfrage nach Konsumgütern erhöht sich.
e) Die Nachfrage nach Investitionsgütern erhöht sich.

12. Das Europäische System der Zentralbanken (ESZB) setzt zur Erfüllung seiner Aufgaben verschiedene geldpolitische Instrumente ein. Ordnen Sie den nachstehenden Sachverhalten das jeweilige zutreffende geldpolitische Instrument zu.

Geldpolitische Instrumente:

1. Hauptrefinanzierungsgeschäft bzw. längerfristiges Refinanzierungsgeschäft im Rahmen der Offenmarktgeschäfte
2. Einlagefazilität
3. Spitzenrefinanzierungsfazilität
4. Feinsteuerungsoperationen
5. Mindestreserve
6. Keines der geldpolitischen Instrumente trifft zu.

Sachverhalte	Geldpolitisches Instrument
a) Das ESZB stellt den Geschäftspartnern regelmäßig Liquidität mit einer Laufzeit von ca. 90 Tagen gegen Sicherheiten zur Verfügung.	
b) Die Geschäftspartner des ESZB können bei den nationalen Zentralbanken Tagesgeld anlegen.	
c) Die EZB verpflichtet die Kreditinstitute, einen bestimmten Prozentsatz bestimmter Positionen der Bilanz als Guthaben bei den nationalen Zentralbanken zu halten.	
d) Geschäftspartner können sich beim ESZB durch eine Geldaufnahme „overnight“ gegen Sicherheiten refinanzieren.	

13. Die EZB will im Rahmen ihrer geldpolitischen Instrumente die Konjunktur ankurbeln. Sie verändert den Leitzins, ihren Wertpapierbestand und den Mindestreservesatz. Prüfen Sie, in welcher Zeile alle Maßnahmen dieser Zielsetzung entsprechen.

	Leitzins	Mindestreservesatz	Wertpapiere
a)	Erhöhen	Senken	Verkaufen
b)	Erhöhen	Senken	Kaufen
c)	Senken	Erhöhen	Kaufen
d)	Senken	Senken	Verkaufen
e)	Senken	Erhöhen	Verkaufen
f)	Senken	Senken	Kaufen

14. Die EZB verfolgt mit dem Einsatz ihres geldpolitischen Instrumentariums bestimmte Ziele. Geben Sie an, welches Ziel sie mit welcher Maßnahme erreichen kann.

Ziele:
1. Konjunkturdämpfung
2. Bekämpfung einer inflationären Entwicklung
3. Belebung der Wirtschaftstätigkeit

Maßnahmen:
1. Senkung des Hauptrefinanzierungssatzes
2. Verkauf von Wertpapieren am Markt
3. Senkung der Mindestreservesätze

a) Ziel 1 durch Maßnahme 1
b) Ziel 1 durch Maßnahme 2
c) Ziel 2 durch Maßnahme 1
d) Ziel 2 durch Maßnahme 3
e) Ziel 3 durch Maßnahme 2

1.3 Rechenaufgaben

1. Der Preisindex für die Lebenshaltungskosten ist von 117,5 auf 122,8 gestiegen. Ist die Kaufkraft des Geldes gestiegen oder gesunken? Begründen Sie Ihre Antwort rechnerisch.

2. Wie hoch ist der Kaufkraftverlust in Prozent, wenn das Preisniveau um 5,3 % angestiegen ist?

3. In der folgenden Übersicht werden reale und nominale Veränderungen der Nettoverdienste je Arbeitnehmer (in Prozent) in einer Volkswirtschaft dargestellt:

Jahr	00 (Basisjahr)	01	02	03	04
In jeweiligen Preisen		+ 1,0	+ 1,4	+ 7,2	+ 4,0
In Preisen des Basisjahres		- 4,2	- 2,2	+ 4,6	+ 1

Ermitteln Sie (in Prozent)

a) den realen

b) den nominalen

Gesamtzuwachs/-rückgang der Nettoverdienste je Arbeitnehmer von Anfang 00 bis Ende 04 (Ergebnisse jeweils auf 2 Stellen nach dem Komma runden).

4. In einer Volkswirtschaft hat sich im Jahr 01 eine Preissteigerungsrate von + 5 % eingestellt. Im folgenden Jahr 02 wurde eine Abnahme der Kaufkraft um - 6 % festgestellt.

a) Berechnen Sie die Entwicklung der Kaufkraft im Jahr 01.

b) Berechnen Sie die Entwicklung des Preisniveaus im Jahr 02.

5. Der Preis für einen Warenkorb betrug im Basisjahr 2.665 €. Drei Jahre später wurde der Preisindex mit 115,6 angegeben. Wie viel Euro kostete der Warenkorb in diesem Jahr?

6. Die Geldmenge im Euroraum ist um 10 % gestiegen. Berechnen Sie, um wie viel Prozent in diesem Zeitraum die Kaufkraft gesunken wäre, wenn alle anderen Einflussgrößen gleich geblieben wären. Runden Sie Ihr Ergebnis auf eine Stelle nach dem Komma.

7. In einer Volkswirtschaft sind für die Jahre 01 und 02 die folgenden Ausgangsdaten gegeben:

Jahr 01:	Preisindex für Lebenshaltung	101,4
	reales Bruttoinlandsprodukt	1.700,5 Geldeinheiten
Jahr 02:	Preisindex für Lebenshaltung	104,2
	Erwerbspersonen in Tausend	24.757
	reales Bruttoinlandsprodukt	1.766,0 Geldeinheiten
	nominales Bruttoinlandsprodukt	2.261,3 Geldeinheiten
	Arbeitslose in Tausend	2.038
	Export	641 Geldeinheiten
	Import	506,5 Geldeinheiten

Berechnen Sie die Preissteigerungsrate des Jahres 02 in Bezug auf das Jahr 01 und interpretieren Sie die Größe hinsichtlich der Erreichung des wirtschaftspolitischen Zieles der Preisniveaustabilität.

2. Fallsituationen

2.1 Fall 1

Interpretieren Sie das Schaubild.

a) Beschreiben Sie die Entwicklung der Verbraucherpreise in der Eurozone im dargestellten Zeitraum.

b) Mit welcher Größe wird die Entwicklung der Verbraucherpreise in der Eurozone gemessen?

c) Führen Sie vier konkrete geldpolitische Maßnahmen der EZB an, die prinzipiell geeignet gewesen wären, den starken Preisanstieg im Jahr 2008 bzw. 2017 zu verhindern.

d) Erläutern Sie, warum die EZB trotz inflationärer Tendenzen im Jahr 2011 den Leitzinssatz (damals 0,5 %) nicht weiter angehoben hat, sondern im Laufe des Jahres 2012 auf 0 % gesenkt hat.

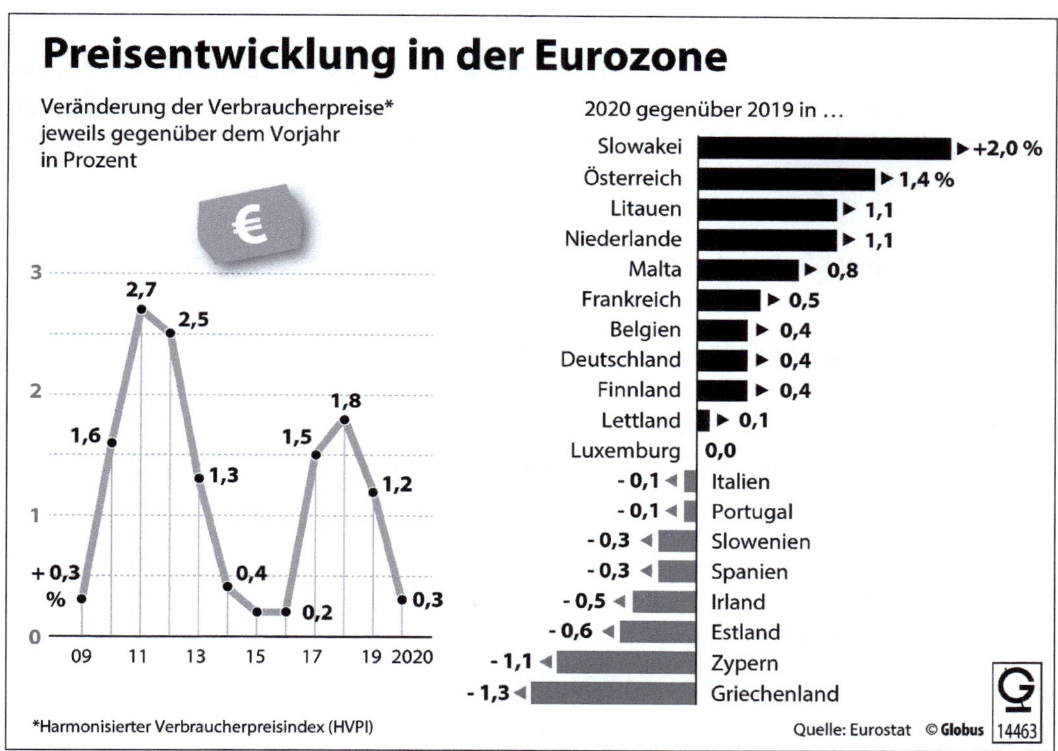

2.2 Fall 2

In der Zeitung ist die Meldung zu lesen: *„Die Europäische Zentralbank (EZB) hat beschlossen, die Geldmenge zu erhöhen. Sie wird deshalb Wertpapiere kaufen."*

a) Nennen Sie das Organ der EZB, das die Geldmengenerhöhung beschlossen hat.

b) Erklären Sie, wer diese Beschlüsse durchführt.

c) Begründen Sie, ob die EZB mit dieser Maßnahme eine expansive oder restriktive Geldpolitik betreibt.

d) Begründen Sie, ob die Kapitalmarktzinsen durch diese Maßnahme steigen oder fallen werden.

e) Zeigen Sie die von der EZB beabsichtigte Wirkung dieser Maßnahme.

f) Erläutern Sie zwei weitere geldpolitische Instrumentarien der EZB, mit denen man die gleiche Wirkungsrichtung hätte erzielen können.

Lösungen

1. Wissensfragen

1.1 Lernfragen

1. Als Inflation wird im Allgemeinen eine Wirtschaftssituation bezeichnet, in der das allgemeine Preisniveau anhaltend ansteigt.

2. Die Veränderung des Preisniveaus wird in Deutschland über den Verbraucherpreisindex und in der Europäischen Union über den Harmonisierten Verbraucherpreisindex (HVPI) festgestellt.

Inflationsrate = Veränderung des Verbraucherpreisindex gegenüber einem vergleichbaren Bezugszeitraum (z. B. Jahresdurchschnittswert gegenüber Durchschnittswert des Vorjahres oder Monatsdurchschnittswert gegenüber Durchschnittswert des Vormonats).

3. Mögliche Auslöser einer Nachfrageinflation: Z. B. Anstieg der Konsumnachfrage der privaten Haushalte

Mögliche Auslöser einer Angebotsinflation: Z. B. Kostensteigerungen aufgrund von Lohnerhöhungen

4. Schleichende Inflation, trabende Inflation, galoppierende Inflation, Hyperinflation

5. Z. B.

- die Kaufkraft des Geldes sinkt
- „Flucht" in Sachwerte (z. B. Immobilien)
- „Entwertung" der Schulden und somit Begünstigung der Schuldner
- stagnierende oder rückläufige Konsumnachfrage.

6. Stagflation: gleichzeitiges Auftreten von Stagnation des Wirtschaftswachstums und Inflation

7. Deflation = anhaltender Rückgang des allgemeinen Preisniveaus
Mögliche Ursache: z. B. Rückgang der Konsumnachfrage
Mögliche Folgen: z. B. Investitionsbereitschaft sinkt, Wirtschaft schrumpft

8. Kaufkraft (Geldwert) = 1/Preisniveau
Steigt das Preisniveau, so sinkt die Kaufkraft.
Sinkt das Preisniveau, so steigt die Kaufkraft.

9. Anhaltende Preissteigerungen bedeuten sinkende Realeinkommen für die Arbeitnehmer. Die Gewerkschaften fordern in den Tarifverhandlungen einen Inflationsausgleich. Die höheren Lohnkosten werden dann zumindest zum Teil wieder von den Unternehmen auf die Preise übergewälzt.

10. Lang anhaltende Exportüberschüsse führen zu einem Anstieg der inländischen Geldmenge durch ein zunehmendes Angebot an Devisen. Eine hohe Inflationsrate im Fremdwährungsland beschleunigt die Entwicklung. Das Preisniveau im Inland steigt.

11. Z. B. Indikator für die Preisniveaustabilität, Rechengröße für Wertsicherungsklauseln in Verträgen, Deflationierung in den Volkswirtschaftlichen Gesamtrechnungen

12. Der Zinskanal ist ein Korridor, der durch die Zinssätze für die Spitzenrefinanzierungsfazilität und die Einlagefazilität des Eurosystems als Ober- bzw. Untergrenze gebildet wird und innerhalb dessen sich der Tagesgeldzins am europäischen Geldmarkt im Allgemeinen bewegt. Innerhalb dieses Kanals orientiert sich der Zins weitgehend am Satz für das Hauptrefinanzierungsgeschäft (Leitzinssatz).

13. Offenmarktgeschäfte
ständige Fazilitäten
Mindestreserve

14. Z. B.

- Hauptrefinanzierungsgeschäfte
- längerfristige Refinanzierungsgeschäfte
- Kauf/Verkauf von Wertpapieren.

15. Durch den Kauf von Wertpapieren führt die EZB dem Bankensektor Zentralbankgeld zu, sodass die Liquidität der Banken erhöht und damit die umlaufende Geldmenge vergrößert wird. Bei gleichbleibender Nachfrage wird das Zinsniveau sinken. Ziel der EZB ist hier das Ankurbeln der Wirtschaft.

16. Die Spitzenrefinanzierungsfazilität kann genutzt werden, um sich zu einem vorab festgelegten Zinssatz von den nationalen Zentralbanken Übernachtliquidität gegen notenbankfähige Sicherheiten zu beschaffen.

Die Geschäftspartner können die Einlagenfazilität nutzen, um bei den nationalen Zentralbanken zu einem vorher festgesetzten Zinssatz Guthaben bis zum nächsten Geschäftstag anzulegen.

17. Die Erhöhung des Mindestreservesatzes bewirkt, dass die Geschäftsbanken einen höheren Teil ihrer Einlagen bei der Zentralbank hinterlegen müssen. Die umlaufende Geldmenge verringert sich.

18. Das ESZB umfasst die EZB und die nationalen Zentralbanken aller EU-Mitgliedstaaten, unabhängig davon, ob sie den Euro eingeführt haben oder nicht.

Die EZB ist die gemeinsame Währungsbehörde der Mitgliedsstaaten der Europäischen Währungsunion. Die Aufgaben der EZB bestehen vor allem darin, die Geldpolitik des Eurosystems festzulegen und auszuführen.

Das Eurosystem besteht aus der EZB und den nationalen Zentralbanken der Länder, die den Euro eingeführt haben.

1.2 Mehrfachauswahl

1. **a, c**

   zu a) Es sind nominal keine Preissteigerungen vorhanden.
   zu e) Nicht, wenn sie unter dem Produktivitätszuwachs liegen.

2. **c, f**

   zu c) Der Warenkorb soll den Verbrauch eines Durchschnittshaushalts repräsentieren.
   zu f) Im Laufe der Zeit kann es zu Änderungen in der Nachfrage nach Gütern und Dienstleistungen kommen.

3. **b**

   zu a) Solange die Inflationsrate positiv ist, liegen Preissteigerungen vor.

4. **a, b**

   In diesen Fällen kommt es zu einem Nachfragerückgang.

5. **c**

   Der jährliche Anstieg des Preisniveaus beträgt nur wenige Prozent.

6. **b, e**

   zu b) Die Preise steigen nominal nicht an, da sie vom Staat festgesetzt werden.
   zu e) Die Nachfrage steigt aufgrund des strengen Winters.

7. **b, d**

   Das ESZB umfasst die EZB und die Zentralbanken aller EU-Mitgliedsstaaten.

8. **a, b, e, f**

   Geringe Arbeitslosigkeit, Wirtschaftswachstum und Außenwirtschaftliches Gleichgewicht sind zwar wirtschaftspolitische Ziele, aber keine Konvergenzkriterien.

9. **a**

   zu c) Zur Mindestreservebasis gehören kurzfristige Einlagen.
   zu e) Eine Erhöhung der Mindestreserve verursacht bei den Geschäftsbanken einen höheren Liquiditätsbedarf.

10. **b**

    Die aufgeführten Merkmale deuten auf eine Inflationsgefahr hin.

11. **c**

    Bei geringerer Geldmenge und gleichbleibender Geldnachfrage steigt der „Preis“ des Geldes (die Zinsen).

12. a) 1
b) 2
c) 5
d) 3

13. f

Durch die Leitzinssenkung werden Kreditaufnahmen billiger. Die Senkung der Mindestreserve und der Kauf von Wertpapieren führt der Wirtschaft Liquidität zu. Nachfrage und Geldmenge steigen.

14. b

Durch den Verkauf von Wertpapieren durch die Zentralbank wird der Wirtschaft Geld entzogen.

1.3 Rechenaufgaben

1. Allgemeine Teuerungsrate = 122,8 : 117,5 = 1,045
Kaufkraft = 1 : 1,045 = 0,9569 → 1 - 0,9569 = 0,04. Die Kaufkraft ist um 4 % gesunken.
Oder 117,5 : 122,8 - 1 = - 0,04

2. Kaufkraft = 1 : Preisindex · 100 = 1 : 1,053 = 0,94967 → Kaufkraftverlust 0,05 € oder 5 %

3. a) 100 · 0,958 · 0,978 · 1,046 · 1,01 = 98,9823 → - 1,02 %
b) 100 · 1,01 · 1,014 · 1,072 · 1,04 = 114,1793 → 14,18 %

4. a) Kaufkraft = 1 : P = 1 : 1,05 = 0,9524

Veränderung der Kaufkraft = 1 - 0,9524 = 0,0476
Die Kaufkraft ist um 4,76 % gesunken.

b) Preisniveau = 1 : K = 1 : 0,94 = 1,0638
Das Preisniveau ist um 6,38 % gestiegen.

5. Der Warenkorb kostete im dritten Jahr 2.665 € · 1,156 = 3.080,74 €.

6.

$$\text{Änderung der Kaufkraft} = \frac{(\text{Alter Preisindex} \cdot 100)}{\text{Neuer Preisindex}} - 100$$

$$\frac{(100 \cdot 100)}{110} - 100 = -9{,}1\ \%$$

oder: (1 : 1,1 - 1) · 100 = - 9,1 %

7. Preissteigerungsrate 02 = 100 · 2,8 : 101,4 = 2,76 % (104,2 - 101,4 = 2,8)

Die EZB definiert Preisstabilität als Anstieg des Harmonisierten Verbraucherpreisindex (HVPI) für das Euro-Währungsgebiet von unter aber nahe 2 % gegenüber dem Vorjahr; also wurde das Ziel knapp verfehlt.

2. Fallsituationen

2.1 Fall 1

A, B

a) Von 2009 bis 2011 ist die Preissteigerungsrate bis auf 2,7 % angestiegen, während sie 2012 auf 2,5 % und 2013 auf 1,3 % zurückging. 2014 lag die Teuerungsrate sehr niedrig bei 0,4 %, während die Verbraucherpreise 2015 gegenüber dem Vorjahr unverändert geblieben sind, d. h. die Inflationsrate lag bei 0 %. 2016 stiegen die Preise nur minimal, während sie 2017 (1,5 %) und 2018 (1,8 %) stärker steigen. 2019 (1,2 %) und 2020 (0,3 %) sind die Preissteigerungsraten wieder zurückgegangen. Die Slowakei hatte 2020 einen Anstieg der Verbraucherpreise von + 2 % zu verzeichnen, während auf Zypern die Preise um 1,1 % nachgaben. In sieben weiteren Euro-Ländern gab es ein sinkendes Preisniveau.

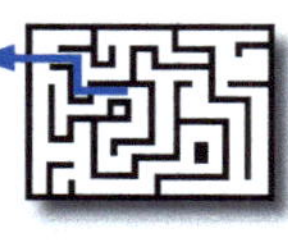

A

b) Harmonisierter Verbraucherpreisindex (HVPI)

A, B

c) Z. B.

Erhöhung des Hauptrefinanzierungssatzes
Erhöhung des Spitzenrefinanzierungssatzes
Verkauf von Wertpapieren
Emission von Schuldverschreibungen

G

d) Die Leitzinssenkung wurde in einer Wirtschafts- und Finanzkrise durchgeführt, um die Wirtschaft wieder anzukurbeln. Die EZB konnte diese Maßnahme insofern vertreten, da die Preissteigerungsraten innerhalb der Wirtschaftskrise überwiegend rückläufig waren.

G

2.2 Fall 2

a) Der Rat der Europäischen Zentralbank

b) Für die Durchführung der Beschlüsse sind das Direktorium der EZB und die Zentralbanken der einzelnen Länder verantwortlich.

c) Durch den Ankauf von Wertpapieren wird Liquidität bereitgestellt, sodass sich die nachfragewirksame Geldmenge erhöht, also handelt es sich um eine expansive Maßnahme.

d) Da sich die Geldmenge erhöht, ist zu erwarten, dass der Preis für Geld, also die Zinsen, fallen werden.

e) Das Ziel ist eine Erhöhung der Geldmenge und die Ankurbelung der Konjunktur, d. h. eine Förderung des Wirtschaftswachstums und ein dadurch bedingtes Ansteigen der Zahl der Arbeitsplätze.

f) 1. Im Rahmen ihrer Offenmarktpolitik hätte die EZB durch eine Senkung des Leitzinssatzes für Wertpapierpensionsgeschäfte die gleiche Wirkung erreichen können. Sinkt dieser Zinssatz der Refinanzierung der Geschäftsbanken, sollten die Banken diese Zinssenkung an ihre Kunden weitergeben, sodass sich die Kreditnachfrage beleben kann, was zu mehr Investitionen und damit zu Wirtschaftswachstum beitragen kann.

   2. Die EZB hätte die Mindestreserve senken können. Durch die Senkung des Mindestreservesatzes steht den Banken mehr Liquidität und damit ein erhöhter Kreditvergabespielraum zur Verfügung.

5. Außenwirtschaft und Zahlungsbilanz

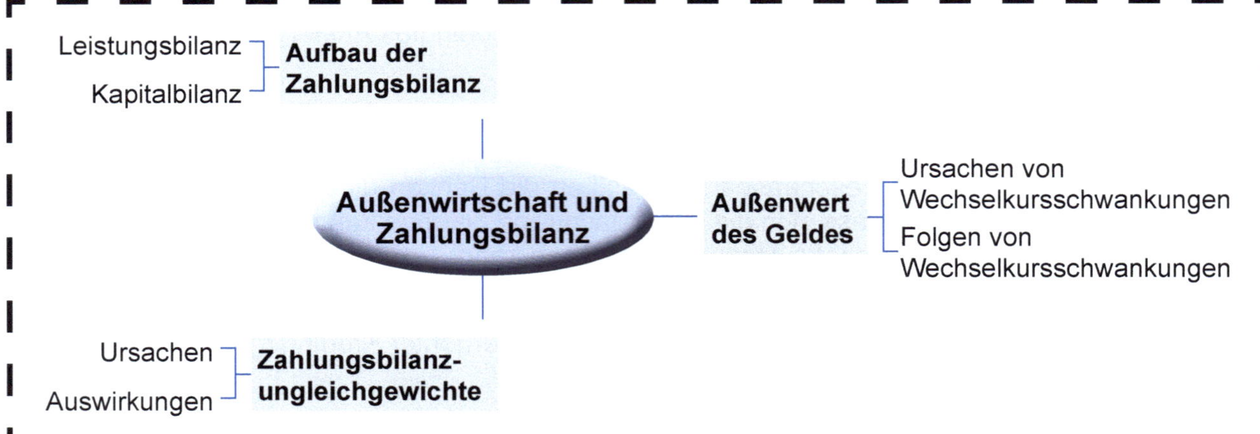

Was muss ich für die Prüfung wissen?

5.1 Zahlungsbilanz

Die Zahlungsbilanz ist die Gegenüberstellung aller Transaktionen im internationalen Waren-, Dienstleistungs- und Kapitalverkehr. Damit spiegelt die Zahlungsbilanz die wirtschaftlichen Beziehungen mit dem Ausland wider.

Die Zahlungsbilanz gliedert sich in folgende Teilbilanzen:

Aktivseite					Passivseite	
I. Leistungsbilanz				II. Vermögens-änderungs-bilanz	III. Kapitalbilanz	IV. Restposten
Außen-handel	Dienst-leistun-gen	Primär-einkom-men	Sekun-därein-kommen			

5.2 Leistungsbilanz

Außenhandel:

In der **Außenhandelsbilanz (Handelsbilanz)** werden die Warenexporte und die Warenimporte gegenübergestellt. Die Differenz bildet den Außenhandelssaldo.

Ein positiver Außenhandelssaldo liegt vor, wenn die Exporterlöse größer sind als die Importausgaben. Ein negativer Außenhandelssaldo hingegen bedeutet, dass die Importausgaben die Exporterlöse übersteigen.

Dienstleistungen:

In der Dienstleistungsbilanz werden die „exportierten" Dienstleistungen mit den „importierten" Dienstleistungen saldiert. Dienstleistungen umfassen z. B. das Transportwesen, die Telekommunikation, das Versicherungswesen und den Tourismus.

Die Summe aus dem Außenhandelssaldo und dem Dienstleistungssaldo ergibt den **Außenbeitrag**.

Primäreinkommen:

Es umfasst grenzüberschreitend gezahlte Arbeitsentgelte sowie grenzüberschreitend erwirtschaftete Einkommen aus Vermögensanlagen (z. B. Zins- und Dividendenzahlungen).

Sekundäreinkommen:

Es umfasst regelmäßige grenzüberschreitende Zahlungen, denen keine erkennbare Leistung der anderen Seite gegenübersteht (z. B. Überweisungen der im Inland beschäftigten ausländischen Arbeitnehmer in ihre Heimatländer, Zahlungen des Staates an internationale Organisationen, Leistungen der Entwicklungshilfe).

Vermögensänderungsbilanz:

Sie umfasst einmalige Transaktionen zwischen Inländern und Ausländern innerhalb einer Periode, denen keine erkennbaren Leistungen gegenüberstehen (z. B. Erbschaften, Schenkungen, Schuldenerlasse).

5.3 Passivseite der Zahlungsbilanz

Kapitalbilanz:

Die Kapitalbilanz verzeichnet sämtliche internationalen Käufe und Verkäufe von Vermögenswerten. Sie umfasst Direktinvestitionen, Wertpapieranlagen, Finanzderivate und Mitarbeiteraktienoptionen, übrigen Kapitalverkehr, Währungsreserven.

Saldo der statistisch nicht aufgliederbaren Transaktionen (Restposten):

Bestimmte Transaktionen, die in der amtlichen Statistik nicht erfasst werden können (z. B. „Koffergeschäfte"), werden in dieser Teilbilanz dargestellt.

5.4 Zahlungsbilanzgleichgewicht

Summe Aktiva = Summe Passiva. Insgesamt muss die Summe aller Aktiva-Positionen der Summe aller Passiva-Positionen entsprechen. Einzelne Teilbilanzen können unausgeglichen sein, d. h. sie können einen positiven oder negativen Saldo aufweisen.

Von einem **Zahlungsbilanzüberschuss** spricht man, wenn die Leistungsbilanz einschließlich der Vermögensübertragungen (also die Aktivseite) einen positiven Saldo aufweist; im Falle eines negativen Saldos liegt ein **Zahlungsbilanzdefizit** vor.

5.5 Außenwert des Geldes

Unter dem **Außenwert des Geldes** versteht man das Austauschverhältnis zwischen zwei Währungen, das sich im **Wechselkurs** niederschlägt. Der Außenwert (Wechselkurs) drückt das Wertverhältnis zwischen zwei Währungen aus.

Was erwartet mich in der Prüfung?

1. Das Lernlabyrinth

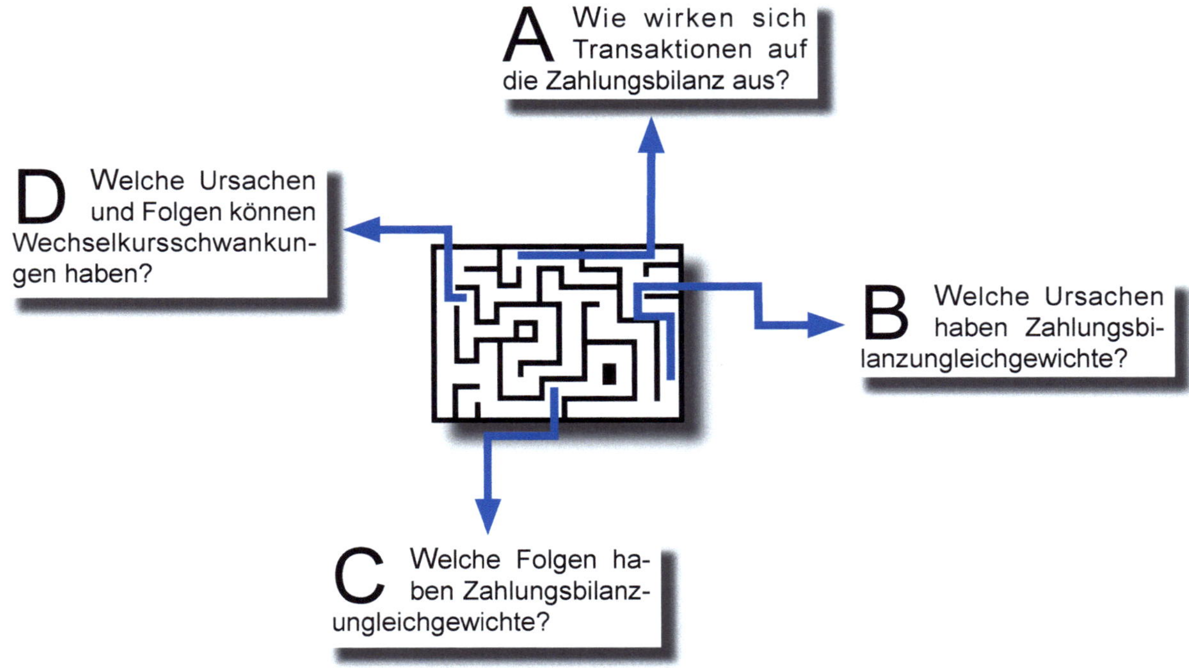

2. Wege aus dem Lernlabyrinth

A **Wie wirken sich Transaktionen auf die Zahlungsbilanz aus?**

Beispiel 1:

Inländische Unternehmen exportieren Waren ins Ausland und erhalten dafür Exporterlöse in Höhe von 5 Mrd. USD.

Aktivseite:

- Die Außenhandelsbilanz erhöht sich um 5 Mrd. USD.
- Damit erhöht sich auch die Leistungsbilanz um 5 Mrd. USD.

Auf der Passivseite erhöht sich die Kapitalbilanz um 5 Mrd. USD.

Bilanzwirkungen beachten! In diesem Fall liegt eine Bilanzverlängerung vor.

Beispiel 2:

Die inländischen Unternehmen tauschen die 5 Mrd. USD in Binnenwährung.
⇒ Passivtausch innerhalb der Kapitalbilanz (Binnenwährung gegen Fremdwährung)

B Welche Ursachen haben Zahlungsbilanzungleichgewichte?

Um die Ursachen für Zahlungsbilanzungleichgewichte zu identifizieren, muss man die Teilbilanzen betrachten.

Beispiel:

Die Ursache für den deutlichen Zahlungsbilanzüberschuss Deutschlands erkennt man in der Außenhandelsbilanz, die einen starken Exportüberschuss aufweist.

C Welche Folgen haben Zahlungsbilanzungleichgewichte?

Beispiel:

Ein Land hat ein hohes **Zahlungsbilanzdefizit**, das auf eine negative Leistungsbilanz zurückzuführen ist, was wiederum am negativen Außenhandelssaldo liegt.

⇒ Der damit verbundene Geldabfluss ins Ausland führt auf Dauer zu einer zunehmenden Verschuldung gegenüber dem Ausland. Außerdem kann es zu einer Verknappung der Devisenbestände kommen.

Aber auch **Zahlungsbilanzüberschüsse** können unter gewissen Umständen auf Dauer zu negativen Konsequenzen führen. (vgl. Kapitel II.4, importierte Inflation)

D Welche Ursachen und Folgen können Wechselkursschwankungen haben?

Beispiel:

Das Diagramm zeigt die Wechselkursentwicklung des Euro zum US-Dollar.

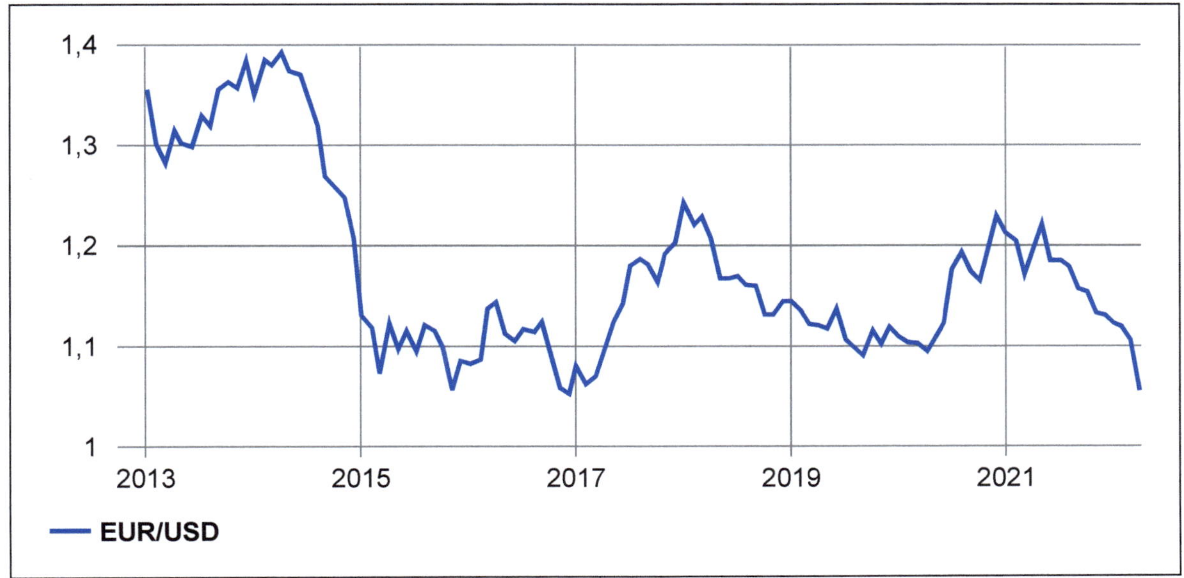

Quelle: Börse Frankfurt

1. Ursachen

Die Ursachen für Wechselkursschwankungen können sowohl in der Binnenwirtschaft der Eurozone als auch in den USA liegen. Außerdem können Währungsspekulationen und Devisengeschäfte der Zentralbanken Einfluss auf den Wechselkurs nehmen.

Beispiel 1:

Eine starke Inflation in den USA kann bei gleichbleibendem Preisniveau in der Eurozone zu einem Wertverlust des US-Dollar gegenüber dem Euro führen.

Beispiel 2:

Der letzte im Diagramm abgebildete Wertverlust des Euro gegenüber dem US-Dollar wurde durch die finanzielle Krise einzelner Staaten der Eurozone (z. B. Griechenland) ausgelöst. Die extrem hohe Verschuldung dieser Staaten hat das Vertrauen der Anleger in die Wertstabilität des Euro erschüttert, sodass die Nachfrage nach Euro auf dem Geldmarkt gesunken ist und viele Anleger in andere Währungen (z. B. US-Dollar) oder in Gold „flüchteten". Dieser Effekt wurde durch Währungsspekulanten, die auf einen fallenden Euro-Kurs setzten, weiter verstärkt.

2. Folgen

Welche Folgen hat der letzte Kursrückgang des Euro gegenüber dem US-Dollar für die deutsche Wirtschaft?

⇒ Deutsche Exporte ins US-Dollar-Ausland (v. a. USA) werden billiger. Dies kann zu einer Belebung der Exportnachfrage führen.

⇒ Andererseits werden Importe, welche in US-Dollar bezahlt werden müssen (z. B. Erdöl), teurer. Dies belastet dann v. a. Autofahrer, Transportunternehmen und die Industrien, die Erdöl als Rohstoff benötigen.

So trainiere ich für die Prüfung

Aufgaben

1. Wissensfragen

1.1 Lernfragen

1. Erklären Sie die Begriffe Binnenwert des Geldes, Außenwert des Geldes und Wechselkurs.

2. Nennen Sie jeweils zwei Gründe, die zu einem zunehmenden Devisenangebot bzw. zu einer zunehmenden Devisennachfrage führen können.

3. Welche vier Teilbilanzen gehören zu der Zahlungsbilanz?

4. Zählen Sie vier Beispiele für Transaktionen auf, die zu einer Zunahme des Leistungsbilanzsaldos führen.

5. Nennen Sie je zwei Transaktionen, die als Kapitalimport bzw. Kapitalexport in der Kapitalbilanz verbucht werden.

1.2 Mehrfachauswahl

1. In einem Jahr hat sich der Wert des Euro gegenüber dem US-Dollar kontinuierlich verringert. Prüfen Sie, welche der folgenden Aussagen über die Auswirkungen dieser Entwicklung zutreffend sind.

a) Reisen amerikanischer Touristen nach Deutschland werden für die Amerikaner teurer.
b) Auslandsreisen in die USA werden für deutsche Touristen teurer.
c) Deutsche Unternehmen werden mehr aus den USA importieren.
d) Für amerikanische Unternehmen werden die Importe billiger.
e) Für deutsche Unternehmen erschweren sich die Exportmöglichkeiten.
f) Anleger in Deutschland erhalten für ihre in US-Dollar gezahlten Zinsen aus festverzinslichen USD-Anleihen nach dem Umtausch weniger Euro.

2. Die Volkswirtschaften Deutschlands und der USA stehen in enger Handelsbeziehung. Während die deutsche Handelsbilanz mit einem Exportüberschuss abschließt, fällt die Handelsbilanz der USA negativ aus. Daraufhin erhöhen die USA ihre Exporte nach Deutschland stark.

Dieser erhöhte Warenexport aus den USA nach Deutschland hat Auswirkungen auf den Wechselkurs des US-Dollar gegenüber dem Euro. Bestimmen Sie die richtige Aussage.

Der erhöhte Export von Waren aus den USA nach Deutschland führt zu einem ...

a) Anstieg des Außenwerts des Euro.
b) Anstieg des Wechselkurses und einer Aufwertung des Euro gegenüber dem US-Dollar.
c) Anstieg des Wechselkurses und einer Abwertung des Euro gegenüber dem US-Dollar.

d) Sinken des Wechselkurses und einer Aufwertung des Euro gegenüber dem US-Dollar.
e) Sinken des Wechselkurses und einer Abwertung des Euro gegenüber dem US-Dollar.

3. Angenommen, der Euro steigt von 1 €/1,15 USD bis auf 1 €/1,25 USD kräftig gegenüber dem US-Dollar an. Aus diesem veränderten Wechselkurs ergeben sich verschiedene Folgen für die Volkswirtschaft der Bundesrepublik Deutschland.

Bestimmen Sie die in diesem Zusammenhang richtigen Aussagen.

a) Der neue Wechselkurs kompensiert zumindest teilweise die gestiegenen Preise der Rohölimporte nach Deutschland.
b) Die Wechselkursentwicklung ist ungünstig für deutsche Touristen, die in den USA Urlaub machen.
c) Die Aufwertung des Euro gegenüber dem US-Dollar hat keinen Einfluss auf die Währungen aller EU-Länder.
d) Sofern die deutschen Exporte auf US-Dollar-Basis abgeschlossen werden, kann die Aufwertung des Euro die deutschen Exporte fördern.
e) Die Abwertung des US-Dollar hemmt tendenziell den Import nach Deutschland.

4. Die EZB entschließt sich, den negativen Folgen einer Wechselkurserhöhung des Euro entgegenzuwirken. Prüfen Sie, welche der folgenden Maßnahmen der EZB dazu grundsätzlich geeignet sind.

Die EZB ...

a) erhöht den Mindestreservesatz.
b) verringert das Volumen der Hauptrefinanzierungsgeschäfte.
c) hebt die Leitzinsen an.
d) senkt die Leitzinsen.
e) interveniert am Devisenmarkt, indem sie US-Dollar verkauft.
f) interveniert am Devisenmarkt, indem sie US-Dollar ankauft.

5. Prüfen Sie, welche der nachfolgenden Aussagen eine richtige Erklärung für einen Passivsaldo beim deutschen Sekundäreinkommen (laufende Übertragungen) liefert.

Ein Passivsaldo ergibt sich daraus, dass...

a) ... Ausländer in Deutschland hohe Kapitalanlagen tätigen.
b) ... Kreditrückzahlungen an das Ausland erfolgen.
c) ... Beiträge zu den Haushalten internationaler Organisationen geleistet werden.
d) ... die Deutschen hohe Mehrausgaben für Reisen ins Ausland getätigt haben.
e) ... Zinszahlungen aus Kapitalanlagen außereuropäischer Anleger erfolgen.

6. Geben Sie an, welche Aussage das abgebildete Schaubild der deutschen Zahlungsbilanz richtig beurteilt.

a) Die Ausgaben deutscher Urlauber im Ausland haben sich in der Position Dienstleistungen negativ ausgewirkt.
b) Die Kapitalbilanz ist eine Teilbilanz der Leistungsbilanz.
c) Die Überweisungen ausländischer Arbeitnehmer in ihre Heimat werden in der Position Dienstleistungen erfasst.

d) Im Jahr J04 waren die Importe genauso hoch wie die Exporte.
e) Die Zugänge von Gold werden in der Kapitalbilanz erfasst.

Die Deutsche Zahlungsbilanz im Jahr J04		
Saldo in Mrd. €	**Aktiva**	**Passiva**
Warenhandel	+ 251,7	
+ Dienstleistungen	+ 71,5	
+ Primäreinkommen	+ 58,0	
+ Sekundäreinkommen		- 140,2
= Leistungsbilanz	+ 241	
Vermögensänderungsbilanz	+ 20	
Kapitalbilanz	+ 303,1	
Statistisch nicht aufgliederbare Transaktionen	+ 42	

7. Prüfen Sie, welche wirtschaftliche Transaktion in der Position Warenhandel der Zahlungsbilanz erfasst wird.

a) Ein deutscher Automobilzulieferer verkauft 20 % seiner Fensterheberproduktion nach Japan.
b) Eine englische Reisegruppe verbringt ihren Urlaub in Nürnberg und Regensburg.
c) Ein polnischer Arbeitnehmer, der in Deutschland lebt und arbeitet, überweist einen Teil seines Gehalts an seine Familie in Polen.
d) Ein deutsches Architekturbüro plant ein Hotel in Dänemark und überwacht die Bauausführung.
e) Ein österreichischer Lebensmittelkonzern erwirbt die Aktienmehrheit an einem deutschen Backwarenhersteller.

8. Welche der folgenden Aussagen zur deutschen Zahlungsbilanz sind richtig?

a) Die Zinszahlungen für Kapitalanlagen im Ausland werden in der Kapitalbilanz erfasst.
b) Wenn vermehrt Güter exportiert werden, die einen hohen Anteil ausländischer Vorleistungen haben, steigen auch die Importe an.
c) Durch zunehmende Urlaubsreisen von Ausländern zur Fußball WM 2006 ist das traditionelle Defizit bei den Dienstleistungen weiter gewachsen.
d) Der positive Saldo der Leistungsbilanz wird durch eine Verringerung der laufenden Netto-Zahlungen an die UNO erhöht.
e) Für den Saldo des Warenhandels ist die Entwicklung der Wechselkurse ohne Bedeutung.
f) Die in der Leistungsbilanz erfassten Transaktionen mit dem Ausland haben keine Auswirkungen auf die Kapitalbilanz.

9. Prüfen Sie, welche der folgenden Aussagen über die Kapitalbilanz der Bundesrepublik Deutschland zutreffend ist.

a) Ein Dienstleistungsimport führt zu einem Kapitalexport.
b) Zahlungen der Bundesrepublik Deutschland an die Europäische Union (EU) erhöhen den Kapitalexport.

c) Der Kapitalexport muss der Zunahme der Währungsreserven der Deutschen Bundesbank entsprechen.

d) Wenn ein inländisches Unternehmen Waren ins Ausland auf Ziel verkauft, führt dies zu einem Kapitalexport.

e) Wenn die Zunahme der Verbindlichkeit die Zunahmen der Forderung übertrifft, liegt per Saldo ein Kapitalexport vor.

10. Ordnen Sie die nachstehenden Transaktionen, die zusätzlich in der Kapitalbilanz erfasst werden, den folgenden Teilbilanzen des **Euro-Währungsgebiets** zu.

Teilbilanzen

1. Warenhandel
2. Dienstleistungen
3. Primäreinkommen
4. Sekundäreinkommen
5. Vermögensänderungen
6. statistisch nicht aufgliederbare Transaktionen
7. Die Transaktion wird in keiner der Teilbilanzen des Euro-Währungsgebiets erfasst.

Transaktionen	Teilbilanzen
a) Die deutsche Lufthansa AG überweist die Flughafengebühren für den Monat April für die Nutzung des Wiener Flughafens.	
b) Die Bundesregierung zahlt jährlich an Chile Entwicklungshilfe in Höhe von 1,5 Mio. USD.	
c) Die Adidas AG importiert für 560.000 € Textilien aus China.	
d) Die deutsche Spedition Herbst Transporte GmbH zahlt Frachtgebühren an die dänische Reederei Maersk.	
e) Familie Braun aus Nürnberg macht Urlaub in Ägypten und zahlt vor Ort für einen Tauchkurs 300 € in bar.	
f) Ein amerikanischer Konzern überweist an die Deutsche Messe Hannover Standmiete in Höhe von 40.000 €.	
g) Ein deutscher Anleger erhält für seine US-Dollar-Anleihe eine Zinszahlung aus den USA über 300 USD.	
h) Herr Bögner, wohnhaft in Berlin, schenkt seiner Nichte, die in der Schweiz lebt, einmalig Wertpapiere im Wert von 10.000 €.	
i) Polnische Erntehelfer überweisen Geldbeträge an ihre Familien in Polen.	

2. Fallsituation

Studieren Sie die Statistik „Wichtige Posten der Zahlungsbilanz“ aus dem Monatsbericht Januar 2022 der Deutschen Bundesbank.

a) Um wie viel Prozent hat sich der deutsche Warenhandelssaldo im November 2021 gegenüber dem Vorjahr verändert?

b) Ermitteln Sie den Außenbeitrag im Oktober 2021.

c) Erläutern Sie den Hauptgrund dafür, dass der deutsche Warenhandelssaldo höher ist als der Außenbeitrag.

d) Wie hoch war der deutsche Netto-Kapitalexport im November 2021?

e) Beurteilen Sie, inwieweit sich die deutsche Zahlungsbilanz im November 2021 in einem Gleichgewicht befand.

Wichtige Posten der Zahlungsbilanz

Mrd. € Position	2020 Nov.	2021[r] Okt.	Nov.[p]
I. Leistungsbilanz	+ 21,7	+ 17,6	+ 18,9
1. Warenhandel	+ 18,5	+ 13,9	+ 13,6
Einnahmen	110,5	121,1	126,4
Ausgaben	92,0	107,2	112,8
nachrichtlich:			
Außenhandel[1)]	+ 16,8	+ 12,7	+ 12,0
Ausfuhr	112,1	121,4	125,7
Einfuhr	95,3	108,7	113,7
2. Dienstleistungen	+ 2,2	- 0,5	+ 1,6
Einnnahmen	22,3	29,7	29,9
Ausgaben	20,1	30,2	28,2
3. Primäreinkommen	+ 8,5	+ 9,9	+ 9,8
Einnahmen	15,5	17,1	16,9
Ausgaben	6,9	7,1	7,1
4. Sekundäreinkommen	- 7,6	- 5,6	- 6,1
II. Vermögensänderungsbilanz	- 2,1	+ 0,5	- 1,0
III. Kapitalbilanz (Zunahme: +)	+ 14,7	+ 5,2	+ 50,4
1. Direktinvestition	+ 3,3	- 5,7	+ 25,7
Inländische Anlagen im Ausland	+ 34,1	+ 7,1	+ 39,9
Ausländische Anlagen im Inland	+ 30,8	+ 12,7	+ 14,2
2. Wertpapieranlagen	+ 18,1	+ 28,0	+ 31,9
Inländische Anlagen in Wertpapieren ausländischer Emittenten	+ 12,5	+ 13,4	+ 27,4
Aktien[2)]	+ 8,7	+ 6,3	+ 3,4
Investmentfondsanteile[3)]	+ 9,5	+ 10,5	+ 15,8
Kurzfristige Schuldverschreibungen[4)]	- 1,6	+ 1,3	- 2,9
Langfristige Schuldverschreibungen[5)]	- 4,1	- 4,7	+ 11,1
Ausländische Anlagen in Wertpapieren inländischer Emittenten	- 5,6	- 14,5	- 4,6
Aktien[2)]	- 0,3	- 5,0	- 9,2
Investmentfondsanteile	+ 0,8	- 0,5	- 1,0
Kurzfristige Schuldverschreibungen[4)]	- 6,6	- 8,9	+ 12,5
Langfristige Schuldverschreibungen[5)]	+ 0,5	- 0,1	- 6,8
3. Finanzderivate[6)]	+ 8,9	+ 1,8	+ 11,4
4. Übriger Kapitalverkehr[7)]	- 15,8	- 19,2	- 19,5
Monetäre Finanzinstitute[8)]	- 18,0	+ 23,0	- 27,3
darunter: kurzfristig	- 7,8	+ 11,2	- 17,2
Unternehmen und Privatpersonen[9)]	- 4,6	- 9,7	- 10,5
Staat	- 3,3	+ 4,5	- 4,3
Bundesbank	+ 10,1	- 37,0	+ 22,6
5. Währungsreserven	+ 0,1	+ 0,3	+ 1,0
IV. Statistisch nicht aufgliederbare Transaktionen[10)]	- 4,9	- 12,9	+ 32,5

1 Spezialhandel nach der amtlichen Außenhandelsstatistik (Quelle: Statistisches Bundesamt). **2** Einschl. Genussscheine. **3** Einschl. reinvestierter Erträge. **4** Kurzfristig: ursprüngliche Laufzeit bis zu einem Jahr. **5** Langfristig: ursprüngliche Laufzeit von mehr als einem Jahr oder keine Laufzeitbegrenzung. **6** Saldo der Transaktionen aus Optionen und Finanztermingeschäften sowie Mitarbeiteraktienoptionen. **7** Enthält insbesondere Finanz- und Handelskredite sowie Bargeld und Einlagen. **8** Ohne Bundesbank. **9** Enthält finanzielle Kapitalgesellschaften (ohne die Monetären Finanzinstitute) sowie nichtfinanzielle Kapitalgesellschaften, private Haushalte und private Organisationen ohne Erwerbszweck. **10** Statistischer Restposten, der die Differenz zwischen dem Saldo der Kapitalbilanz und den Salden der Leistungs- sowie der Vermögensänderungsbilanz abbildet.

Deutsche Bundesbank

Lösungen

1. Wissensfragen

1.1 Lernfragen

1. Während der Binnenwert des Geldes an der einzutauschenden Gütermenge, also im Preis bzw. Preisniveau, gemessen wird, versteht man unter dem Außenwert des Geldes das Austauschverhältnis zwischen zwei Währungen, das sich im Wechselkurs niederschlägt. Der Außenwert (Wechselkurs) drückt das Wertverhältnis zwischen zwei Währungen aus. Ist eine Fremdwährung „billig“, dann ist der Außenwert des eigenen Geldes groß und umgekehrt. Der Außenwert spiegelt daher die Kaufkraft der inländischen Währung gegenüber ausländischen Währungen wider.

2. Mögliche Gründe für eine **Zunahme des Devisenangebots**:

- Inflationsrate im Fremdwährungsland ist höher als im eigenen Währungsgebiet, sodass der Export ansteigt.
- Die Zentralbank kauft Binnenwährung, um Inflationstendenzen zu mildern.

Mögliche Gründe für eine **Zunahme der Devisennachfrage**:

- Inflationsrate im Fremdwährungsland ist niedriger als im eigenen Währungsgebiet, sodass der Import ansteigt.
- Die Zentralbank bietet mehr Binnenwährung an, um den Kurs niedrig zu halten und den Export zu fördern.

3. I. Leistungsbilanz

II. Vermögensänderungsbilanz

III. Kapitalbilanz

IV. statistisch nicht aufgliederbare Transaktionen (Restposten)

Teilbilanzen der Leistungsbilanz:
- Warenhandel
- Dienstleistungen
- Primäreinkommen (Erwerbs- und Vermögenseinkommen)
- Sekundäreinkommen (laufende Übertagungen)

4. • Der Export nimmt wertmäßig stärker zu als der Import von Waren.
- Ausländische Urlauber reisen verstärkt nach Deutschland bzw. Inländer reisen weniger ins Ausland.
- Deutsche Spediteure erbringen mehr Transportleistungen für ausländische Unternehmen.
- Es fließt mehr Erwerbseinkommen nach Deutschland, da z. B. mehr inländische Grenzgänger im Ausland arbeiten und in Deutschland wohnen.

5. Kapitalimport heißt, dass die Verbindlichkeiten gegenüber dem Ausland zunehmen und/oder die Forderungen abnehmen.

Beispiele:
- Ein deutsches Unternehmen importiert Waren auf Ziel (= Inanspruchnahme eines Lieferantenkredits).
- Ausländer kaufen deutsche Wertpapiere.

Kapitalexport heißt, dass die Verbindlichkeiten gegenüber dem Ausland abnehmen und/oder die Forderungen zunehmen.

Beispiele:
- Ein deutsches Unternehmen exportiert Waren auf Ziel (= Gewährung eines Lieferantenkredits).
- Eine Privatperson, die in Deutschland lebt, legt ihre Ersparnisse in ausländischen Wertpapieren an.

1.2 Mehrfachauswahl

1. b, d

zu b) Sie erhalten nun für einen Euro weniger US-Dollar.
zu d) Der gestiegene Dollar verbilligt die Waren für die ausländischen Käufer.

2. e

Ein erhöhter Export aus den USA bedeutet, dass am deutschen Devisenmarkt das Angebot an Euro steigt, weil die Ware bezahlt werden muss. Das erhöhte Angebot an Euro führt zu einem Kursrückgang. Dieser Kursrückgang bedeutet eine Abwertung des Euro.

3. a

Die Importe werden durch die Euro-Aufwertung billiger. Dieser wechselkursbedingte Preisrückgang kann den sonstigen Preisanstieg ausgleichen.

4. d, f

zu d) Durch die Leitzinssenkung werden Kapitalanlagen in Deutschland unattraktiver, sodass diese verkauft werden → Euro-Angebot steigt, Kurs sinkt.

zu f) US-Dollar-Ankauf bedeutet Erhöhung des Euro-Angebots. Ein erhöhtes Angebot lässt den Kurs sinken, sodass die deutschen Exporte billiger werden.

5. c

a) und b) werden in der Kapitalbilanz, d) in der Dienstleistungsbilanz und e) in der Bilanz der Erwerbs- und Vermögenseinkommen erfasst.

6. a

Reiseausgaben im Ausland bedeuten einen Dienstleistungsimport. Im Gesamtjahr J04 ergab sich dennoch ein positiver Saldo der Dienstleistungsbilanz.

7. a

Es werden Warenexporte und -importe erfasst.

8. b, d

b) Es müssen mehr Vorleistungen gekauft werden.

d) Eine Verringerung der Zahlungen bedeutet ein geringeres Defizit in der Bilanz der laufenden Übertragungen. Diese Verringerung erhöht den positiven Leistungsbilanzsaldo.

9. d

Die Forderungen ans Ausland werden durch diesen Lieferantenkredit erhöht.

zu a) Dienstleistungsimport bedeutet Kapitalimport.

zu b) Kapitalimport wird erhöht.

10. Beachte: Es handelt sich **nicht** um die **deutsche** Zahlungsbilanz, sondern um die Zahlungsbilanz des **Euro-Währungsgebietes**. Hier werden nur Transaktionen mit den Ländern erfasst, die keinen Euro eingeführt haben.

Transaktionen	Teilbilanzen
a) Die deutsche Lufthansa AG überweist die Flughafengebühren für den Monat April für die Nutzung des Wiener Flughafens.	7
b) Die Bundesregierung zahlt jährlich an Chile Entwicklungshilfe in Höhe von 1,5 Mio. USD.	4
c) Die Adidas AG importiert für 560.000 € Textilien aus China.	1
d) Die deutsche Spedition Herbst Transporte GmbH zahlt Frachtgebühren an die dänische Reederei Maersk.	2
e) Familie Braun aus Nürnberg macht Urlaub in Ägypten und zahlt vor Ort für einen Tauchkurs 300 € in bar.	6
f) Ein amerikanischer Konzern überweist an die Deutsche Messe Hannover Standmiete in Höhe von 40.000 €.	2
g) Ein deutscher Anleger erhält für seine US-Dollar-Anleihe eine Zinszahlung aus den USA über 300 USD.	3
h) Herr Bögner, wohnhaft in Berlin, schenkt seiner Nichte, die in der Schweiz lebt, einmalig Wertpapiere im Wert von 10.000 €.	5
i) Polnische Erntehelfer überweisen Geldbeträge an ihre Familien in Polen.	4

2. Fallsituation

a) + 13,6 Mrd. € im Verlgeich zu + 18,5 Mrd. € ergibt eine Abnahme um 4,9 Mrd. €, das entspricht - 26,49 %

A

b) 13,9 Mrd. € - 0,5 Mrd. € = 20,8 Mrd. €
bzw. 20,8 Mrd. € + 20,6 Mrd. € = 41,4 Mrd. € (mit Berücksichtigung des Spezialhandels)

A

c) Hauptgrund hierfür ist der Reiseverkehr bzw. die Inanspruchnahme ausländischer Transportdienstleistungen, die mit einem negativen Saldo zu einer negativen Dienstleistungsbilanz führen. Dieser Saldo ist im Außenbeitrag enthalten, nicht jedoch im Warenhandelssaldo.

B

d) + 30,6 Mrd. €

A

e) Die Leistungsbilanz und die Vermögensübertragungen (Vermögensänderungsbilanz) ergeben einen deutlich positiven Saldo von 24,9 Mrd. €. Es liegt also ein Zahlungsbilanzüberschuss vor.

B